지은이

최 윤

전북 군산에서 태어나 전북대학교 생물학과와 같은 대학교 대학원을 졸업했습니다. 현재 군산대학교 해양생물공학과 교수로, 우리나라 연근해와 세계의 상어 분류에 관한 연구를 하고 있습니다. 민물고기와 조수 웅덩이에서 사는 물고기를 보호하는 일에도 관심이 많습니다.

지은 책으로는 《한국의 바닷물고기》, 《열려라! 물고기나라》, 《상어》, 《망둑어》 등이 있습니다.

김동식

우리나라뿐만 아니라 세계 곳곳의 바다를 누비면서 자연 생태계의 영상물을 제작하는 아트랜티스프로덕션 대표이자 해양 다큐멘터리 촬영감독입니다.

제작한 자연 영상물에는 〈독도 해중산의 비밀〉〈독도 바다제비〉〈외롭지 않은 섬 독도〉〈23.5〉(KBS), 〈독도野(야)〉〈DMZ the Wild〉(MBC), 〈독도〉(YTN), 〈최후의 바다 태평양〉(SBS)과 〈South Korea〉(BBC), 〈Wild Korea〉(NGC), 〈Haenyeo〉(NBC) 외 100편이 있으며, 지은 책으로는 《선생님들이 직접 만든 이야기 물고기도감》 등이 있습니다.

＊이 책에 귀한 사진을 제공해 주신 분: 김광복, 김상민, 김상준, 김지현, 박정권, 이선명, 이운철, 정상근, 정상우 (해당 사진은 ⓒ 이름으로 표기했습니다.)

댕글댕글~ 독도에서 만난 바닷물고기

초판 2쇄 발행일 2022년 5월 30일
초판 1쇄 발행일 2020년 12월 31일

지은이 최 윤·김동식
펴낸이 이원중

펴낸곳 지성사 출판등록일 1993년 12월 9일 등록번호 제10-916호
주소 (03458) 서울시 은평구 진흥로 68, 2층
전화 (02) 335-5494 팩스 (02) 335-5496
홈페이지 www.jisungsa.co.kr 이메일 jisungsa@hanmail.net

ⓒ 최 윤·김동식, 2020

ISBN 978-89-7889-458-6 (73490)

잘못된 책은 바꾸어드립니다. 책값은 뒤표지에 있습니다.

이 도서의 국립중앙도서관 출판예정도서목록(CIP)은 서지정보유통지원시스템 홈페이지
(http://seoji.nl.go.kr)와 국가자료공동목록시스템(http://www.nl.go.kr/kolisnet)에서
이용하실 수 있습니다. (CIP제어번호: CIP2020055396)

⚠ 주의 사항: 책장에 손을 베이지 않게, 책 모서리에 다치지 않게 주의하세요.

들어가는 글

　우리나라 가장 동쪽에 자리 잡은 외딴 섬 독도. 독도를 모르는 대한민국 국민은 아마 없을 것입니다. 또 독도가 역사적·지리적으로 얼마나 중요한지, 우리 모두가 잘 알고 있습니다. 이렇게 역사적·지리적으로 중요한 독도는 생물학적인 면에서도 매우 중요합니다. 독도를 둘러싼 환경은 아주 독특해 오랜 세월 동안 학자들이 이곳에 사는 식물과 조류, 곤충 등 많은 육상 생물들을 조사해 왔고, 그 결과 자료들도 많이 쌓였습니다.

　독도 바다는 겨울철에는 러시아 아무르 하구 근처에서 발달해 대륙의 차가운 계절풍과 바다 얼음(해빙)의 영향으로 수온과 염분이 낮은 리만 해류(바닷물의 흐름)와 이어지는 북한 한류(물의 온도가 대체로 낮아 차가운 바닷물의 흐름)의 영향을 받고, 6월 이후 여름철에는 필리핀에서 일본의 동해안까지 북동쪽으로 흐르는 구로시오 난류(따뜻한 바닷물의 흐름)에서 갈라진 쓰시마 난류의 영향을 받는 독특한 바다 환경입니다.

　하지만 독도 바다에 살고 있는 바다 생물, 특히 물고기를 관찰하려면 여간 어려운 일이 아닙니다. 날씨와 파도가 예고도 없이 궂어 독도에 접근하기 어렵고, 또 바다를 조사할 장비를 나르는 데도 무척 힘이 듭니다. 이러한 어려움으로 그동안 육상 생물과는 달리 연구가 많이 이루어지지 못했습니다.

　필자는 어류학자로서 우리 섬 독도 바다 주변에 살고 있는 물고기를 우리 어린이들을 포함하여 온 국민들에게 알릴 필요가 있다고 생각하여 이 책을 펴내게 되었습니다.

　이 책에 실린 물고기 사진은 김동식 박사님이 많은 어려움을 무릅쓰고 2005년부터 2015년까지 독도를 오가며 324일에 걸쳐 바닷속을 누비며 찍었습니다.

　또한 이 책의 자료 정리에 군산대학교 어류학실험실 대학원 임민영, 신유신 님이 많은 도움을 주었습니다.

　물고기 130여 종의 사진과 함께 생김새를 요모조모 살펴보고, 이름의 유래와 생태 특징이 담겨 있는 이 책으로 많은 독자들이 그동안 알지 못했던 독도 바닷물고기에 대해 좀 더 알게 되고, 관심을 갖는 계기가 되기를 희망합니다.

최 윤·김동식

차례

들어가는 글 · 4

독도는 어떤 섬인가요? · 8
  위치/ 면적/ 법적 지위/ 기후와 자연환경/ 독도 주변의 해류

독도의 자랑 · 12
  동도 선착장/ 해녀바위/ 전차바위/ 독립문바위/ 천장굴/ 삼형제굴바위/ 큰가제바위/ 물골/ 코끼리바위/ 혹돔굴

알아보기와 일러두기 · 18

홍어목
전기가오리과
전기가오리 · 21

청어목
청어과
샛줄멸 · 22
전어 · 23

메기목
쏠종개과
쏠종개 · 24

아귀목
씬벵이과
빨간씬벵이 · 26
노랑씬벵이 · 27

숭어목
숭어과
숭어 · 30

색줄멸목
물꽃치과
물꽃치 · 32

동갈치목
동갈치과
동갈치 · 33
꽁치과
꽁치 · 34
날치과
날치 · 212

금눈돔목
철갑둥어과
철갑둥어 · 36
납작금눈돔과
은줄금눈돔 · 212
얼게돔과
비늘적투어 · 37

달고기목
달고기과
달고기 · 38

큰가시고기목
실고기과
부채꼬리실고기 · 39
왕관해마 · 40
거물가시치 · 42
대치과
청대치 · 43

쏨뱅이목
양볼락과
미역치 · 44
쏠배감펭 · 46
쭈굴감펭 · 47

우럭볼락 · 48
볼락 · 50
개볼락 · 52
조피볼락 · 54
불볼락 · 56
도화볼락 · 57
띠볼락 · 58
누루시볼락 · 59
쏨뱅이 · 60

양태과
양태 · 62

쥐노래과
노래미 · 64
쥐노래미 · 66

둑중개과
가시망둑 · 68
창치 · 70

농어목

농어과
농어 · 73

바리과
붉바리 · 74
도도바리 · 76
자바리 · 77
구실우럭 · 78
능성어 · 79
홍바리 · 213

동갈돔과
세줄얼게비늘 · 80
줄동갈돔 · 82
점동갈돔 · 83
줄도화돔 · 84
민동갈돔 · 86
거울돔 · 87

전갱이과
전갱이 · 88
노랑점무늬유전갱이 · 90
잿방어 · 91
방어 · 92
참치방어 · 94

갈돔과
까치돔 · 95
줄갈돔 · 96

도미과
참돔 · 98
새눈치 · 100

촉수과
검은줄촉수 · 101
노랑촉수 · 102
금줄촉수 · 104
두줄촉수 · 106

황줄깜정이과
벵에돔 · 108
긴꼬리벵에돔 · 110
범돔 · 112

나비고기과
세동가리돔 · 114

청줄돔과
청줄돔 · 115

황줄돔과
육동가리돔 · 116

돌돔과
돌돔 · 118
강담돔 · 120

다동가리과
여덟동가리 · 122
아홉동가리 · 123

망상어과
망상어 · 124
인상어 · 126

자리돔과
자리돔 · 128
노랑자리돔 · 130
연무자리돔 · 132
해포리고기 · 133
파랑돔 · 134
살자리돔 · 136
흑줄돔 · 213

놀래기과
놀래기 · 138
용치놀래기 · 140
청줄청소놀래기 · 142
어렝놀래기 · 144
혹돔 · 146
무지개놀래기 · 148
녹색물결놀래기 · 150
황놀래기 · 152

장갱이과
그물베도라치 · 153
세줄베도라치 · 154
큰줄베도라치 · 155

도루묵과
도루묵 · 156

양동미리과
동미리 · 158

먹도라치과
가막베도라치 · 160
청황베도라치 · 162

청베도라치과
저울베도라치 · 164
앞동갈베도라치 · 166
두줄베도라치 · 167
개베도라치 · 168

비늘베도라치과
비늘베도라치 · 169

학치과
큰입학치 · 170

돛양태과
연지알록양태 · 171
날돛양태 · 172

망둑어과
독도얼룩망둑 · 173
별망둑 · 174
비단망둑 · 176
일곱동갈망둑 · 178
다섯동갈망둑 · 179
흰줄망둑 · 180
바닥문절 · 181
꼬마줄망둑 · 182
사자코망둑 · 214
흰동갈망둑 · 214

독가시치과
독가시치 · 184

양쥐돔과
쥐돔 · 186

꼬치고기과
애꼬치 · 187

샛돔과
연어병치 · 188

노메치과
물릉돔 · 190

가자미목
넙치과
넙치 · 192

복어목
쥐치과
쥐치 · 194
말쥐치 · 196
그물코쥐치 · 198
새양쥐치 · 200

거북복과
거북복 · 201
노랑거북복 · 202

참복과
흰점꺼끌복 · 204
복섬 · 205
졸복 · 206
검복 · 208
매리복 · 209

가시복과
가시복 · 210

그 밖의 독도 바닷물고기 · 212
낱말 풀이 · 215
찾아보기 · 216

"독도는 어떤 섬인가요?"

위치

- 경상북도 울릉군 울릉읍 독도이사부길(동도), 독도안용복길(서도)
- 북위 37도 14분 26.8초, 동경 131도 52분 10.4초
- 울릉도 동남향 87.4킬로미터에 자리함(일본 오키섬에서는 157.5킬로미터 거리)

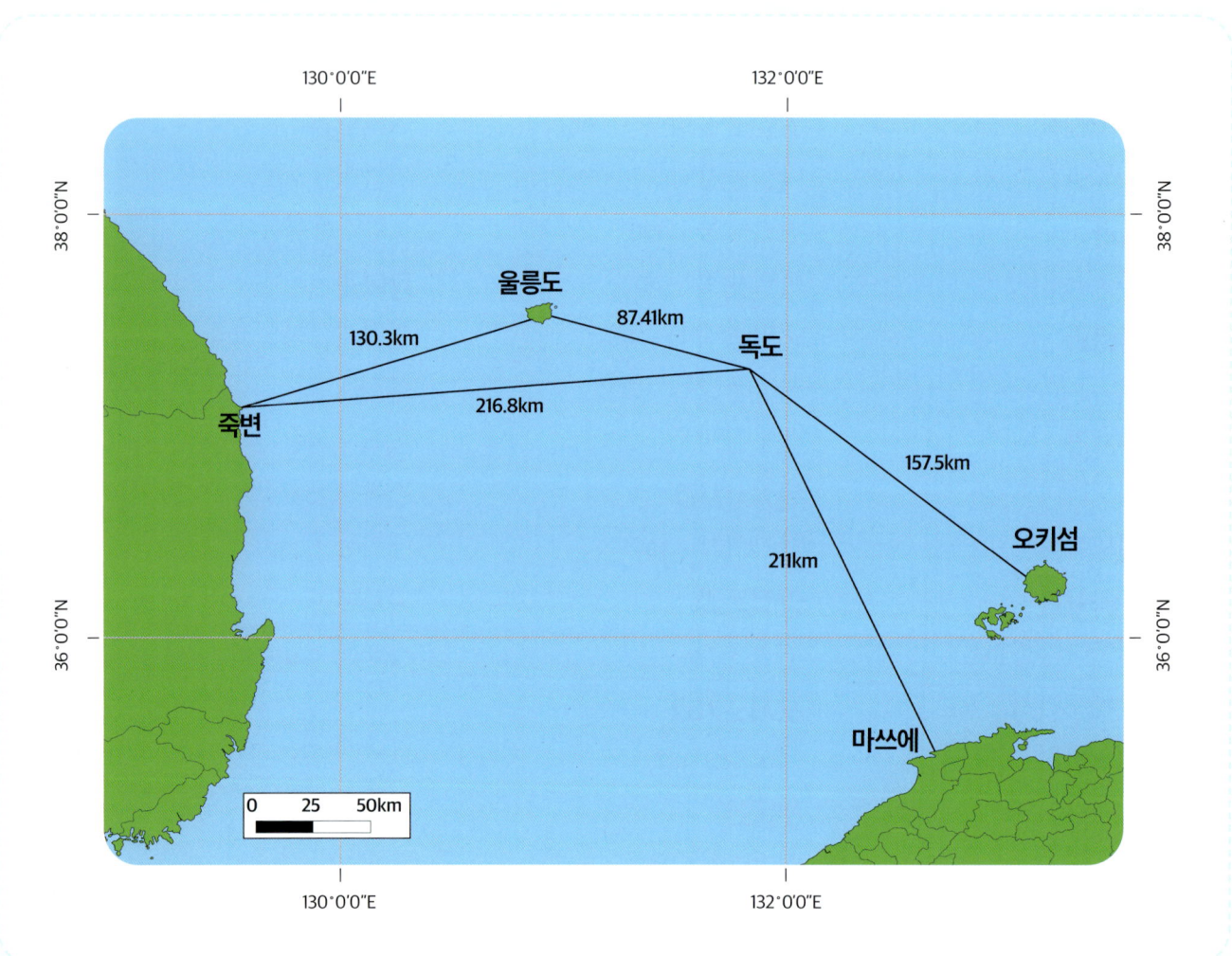

🐟 면적

- 총면적: 187,554제곱미터〔축구장(평균 105미터×68미터) 약 26곳을 합한 면적〕
  - 동도: 73,297제곱미터(22,172평), 높이 98.6미터, 둘레 2.8킬로미터
  - 서도: 88,740제곱미터(26,844평), 높이 168.5미터, 둘레 2.6킬로미터

※ 아래 지도에서 붉은색으로 표시한 곳들은 독도 바닷물고기를 만난 곳이에요.

🐟 법적 지위
- 「국유재산법」 제6조의 규정에 따른 '행정 재산'(관리청: 국토해양부)
- 「문화재 보호법」 제25조에 따른 '천연기념물 제336호 독도 천연 보호 구역'(1982년 지정)

🐟 기후와 자연환경
- 난류의 영향을 받아 일 년 내내 기온의 변화가 크지 않고 습도가 높으며, 구름과 강수량이 많은 특성을 보이는 해양성 기후. 일 년 평균(연평균) 기온이 섭씨 12도로 대체로 따뜻함
- 연평균 풍속은 초속 4.3미터로, 여름철에는 남서풍, 겨울철에는 북동풍이 불어옴
- 일 년 동안 비 내리는 날이 약 150일, 흐린 날은 160일 이상임
- 연평균 강수량은 1,240밀리미터(124센티미터)
- 화산암으로 이루어진 섬이라 지하수를 가두지 못함
- 철새들이 이동할 때 잠시 들르는 곳이고, 괭이갈매기와 바다제비와 같은 바닷새들의 집단 번식지이자 한반도 생물의 기원과 분포를 연구하는 데 매우 중요함

🐟 독도 주변의 해류

독도는 봄에서 가을까지 구로시오 난류에서 갈라진 동한 난류의 영향을 주로 받고, 늦가을부터 이듬해 봄까지는 북쪽의 오호츠크 해에서 내려오는 차가운 리만 해류와 이어지는 북한 한류의 영향을 받아요. 따라서 이곳에 사는 물고기는 한류의 영향을 받는 겨울과 이른 봄을 제외하고, 나머지 계절에는 구로시오 난류의 영향으로 대부분 제주도에서 볼 수 있는 물고기들이 살아가고 있지요.

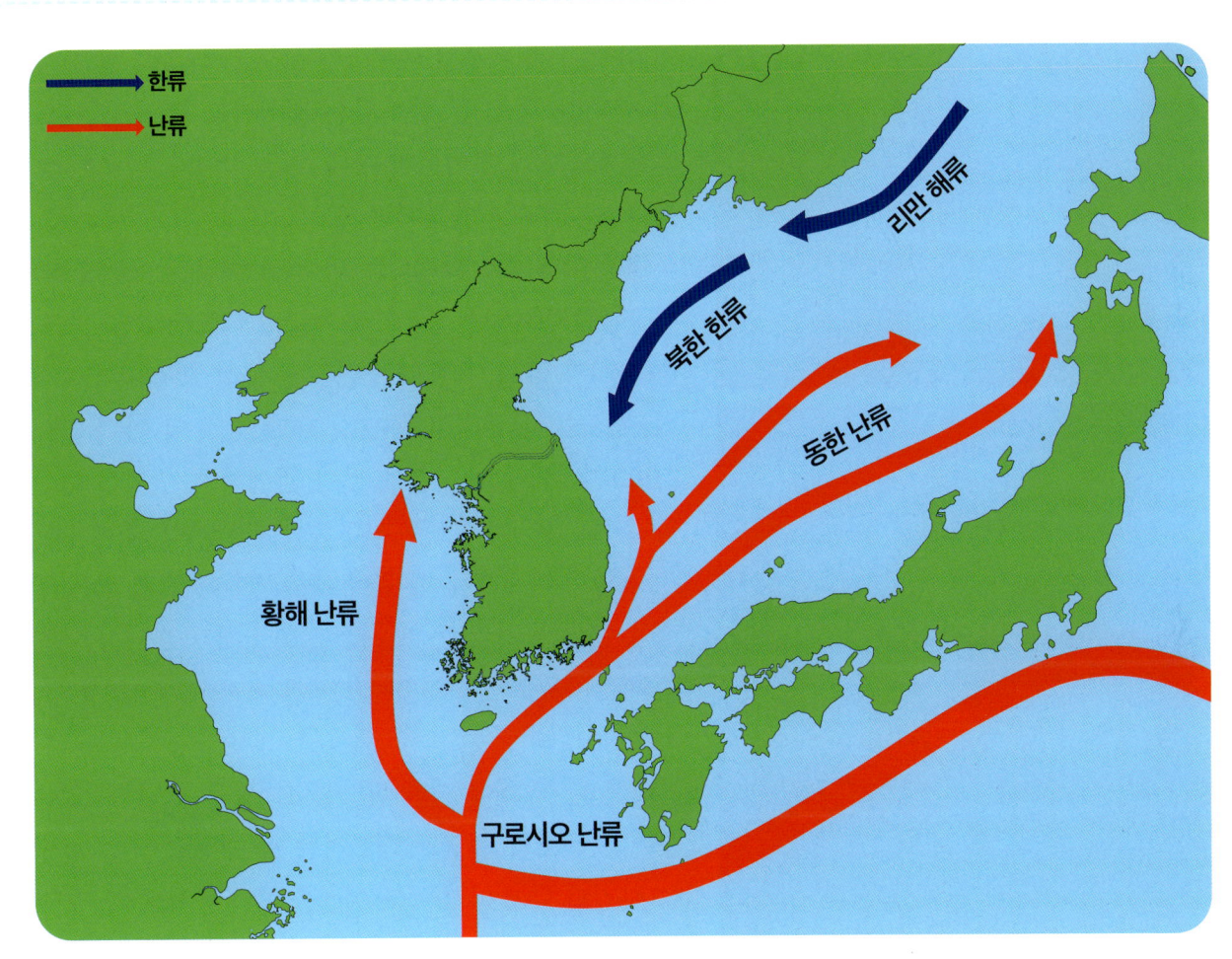

독도의 자랑

독도(동도)의 사계절

봄

여름

독도는 동도와 서도를 중심으로 89개의 섬과 바위로 이루어졌어요. 한자로 '獨島(독도)'라고 쓰는데, 獨은 '홀로 또는 외로운'이라는 뜻이지요. 하지만 뜻과는 상관없이 한자의 소리를 따왔다고도 해요. 독은 원래 '돌(石)'을 뜻하는 전라도 방언(사투리)이거든요. 따라서 모두 91개 섬과 바위로 이루어진 독도는 '외로운 섬 하나'가 아니라 '돌로 된 섬'이라는 뜻이라고 할 수 있어요. 육지에서 멀리 떨어진 바다에 솟은 섬이니 '외로운 섬'이라는 이름도 어울리기는 해요.

옛날 기록에서 확인되는 이 섬의 이름은 우산도(512년), 삼봉도(1471년), 가지도(1794년), 석도(1900년), 독도(1906년)가 있고, 울릉도 주민들은 독섬, 돌섬이라고 해요. 독도는 신생대 3기(460~250만 년 전)에 바다 깊이 2,000미터에서 솟구친 용암이 굳어져 이루어진 화산 섬이지요. 바위나 섬은 주로 화산 활동에서 뿜어져 나온 용암이 빠르게 굳어 겉이 매우 거칠며 크고 작은 구멍이 숭숭 뚫려 있는 현무암과, 화산재가 쌓여 굳어진 응회암 따위로 이루어졌어요.(출처: 환경부 대구지방환경청, 2011)

다음은 이 책에 실린 바닷물고기들을 만날 수 있는 곳이자 독도의 풍광을 대표하는 곳이에요. 멋진 바닷속 사진과 함께 따라 독도 여행을 떠나 볼까요?

가을

겨울 ⓒ 김상민

1) 동도 선착장(부두, 접안지)

이곳은 배를 대어 사람이 오르내리거나 짐을 싣고 내리는 곳이에요. 1997년 11월에 세워졌고 최대 500톤급 배를 댈 수 있지요.

2) 해녀바위

동도 섬 절벽으로, 바닥에는 크고 작은 바위들이 있어요. 원래 이름은 '동키바위'였대요. 동도에 머무는 해양 경찰관들이 생활에 필요한 물품을 받으려고 배가 닿는 이 바위에 도르래를 설치했다고 하지요. 도르래를 뱃사람들이 '동키'라고 부른 데서 비롯된 이름이에요. 2017년 10월 29일 국토해양부는 이곳 이름을 해녀들이 쉬는 바위라고 해서 '해녀바위'로 정했어요. 우리 정부에서 동네나 지역 이름을 정하는 까닭은 우리나라 영토임을 분명히 밝히고, 따져 보지도 않고 아무렇게나 붙인 이름에 따른 혼란을 막기 위함이지요.

3) 전차바위
처음에는 생김새가 탱크 같아 탱크바위라고 했는데, 지금은 전차바위로 고쳐 지었어요.

4) 독립문바위
바다 쪽으로 나온 부분이 깎이면서 둥근 활 모양(아치형)으로 바뀌었지요. 그 모양이 서울시 서대문구에 자리한 독립문을 닮았다 해서 붙인 이름이에요.

5) 천장굴

동도 가운데에 있는 해식동굴(파도에 깎여 만들어진 동굴)이에요. 윗부분이 풍화(바위가 햇빛, 공기, 물 따위로 점점 작은 흙으로 바뀌는 현상)와 침식(빗물이나 파도, 바람 따위에 깎이는 현상) 작용으로 움푹 파였어요. 위에서 내려다보면 마치 우물처럼 뻥 뚫려 있지요. 보통 동굴과는 달리 천장에 구멍이 뚫려 있어 붙인 이름이에요.

수심(바닷물의 깊이)이 5~15미터로 얕고, 파도의 영향을 거의 받지 않아 어린 물고기들이 많아요. 빛이 잘 들어오지 않아서 바닷말류〔포자로 번식하는 바다 식물로 바다의 깊이와 색깔에 따라 녹조류(파래), 갈조류(미역, 다시마), 홍조류(김)로 나뉨〕가 없고, 바닥에 바위와 자갈이 많지요.

6) 삼형제굴바위

서도 북동쪽에 있는 높이가 44미터인 바위섬이에요. 가장 큰 바위섬에 세 방향으로 뚫린 해식동굴이 있지요. 그 모습이 마치 두 동생들이 형을 따르는 모습 같다고 해서 붙인 이름이에요.

수심은 8~18미터로 바닥에 크고 작은 돌이 있고, 바닷말류가 많이 자라요. 바닷말류 사이에는 어린 물고기들이 많이 살지요.

7) 큰가제바위

서도에 있는 바위예요. 가제는 독도바다사자를 가리키지요. 가지, 강치라고도 해요. 옛날에 이곳에 가지가 많이 살아 독도를 '가지도'라고도 했지요.

수심은 18~48미터로 깊고, 바위 사이로 좁다란 골짜기에 뿔산호들이 자라고 있어요. 방어 무리를 자주 만날 수 있지요.

ⓒ 박정권

8) 물골

서도 서북쪽에 있는 천연 동굴로, 마실 수 있는 물이 솟아나는 샘이 있어 붙인 이름이에요. 화산섬이 되면서부터 스며든 빗물이 오랜 세월을 거쳐서 샘이 되었지요. 독도를 오가던 어민들이 이곳 샘물을 마셨다고 해요. 지금은 이 물을 보호하기 위해 갈매기가 드나들 수 없게 철망을 세워 보호하고 있어요. 사진에는 작은 바위에 가려져 있어 아쉽게도 보이지 않네요.

수심이 5~15미터로 얕아 갈조류인 모자반이 무성하게 자라 숲을 이루어요. 이 모자반 숲에서 망상어와 인상어가 새끼를 낳지요. 뼈가 굳고 단단한 경골어류는 대부분 알을 낳지만, 망상어와 인상어는 뼈가 물렁한 연골어류인 상어류처럼 새끼를 낳아 이름에 '상어'가 붙었어요.

9) 코끼리바위

바위 모양이 마치 물속에 코를 담그고 물을 먹는 코끼리 같아 붙인 이름이에요. 구멍바위라는 뜻으로 '공암'이라고도 하지요.

바닥은 모래와 바위로 되어 있고, 바위에 갈조류에 속하는 대황이 무성해지면 작은 물고기들이 모여들어요.

10) 흑돔굴

날이 어둑어둑해지면 흑돔들이 이 바위섬 아래 동굴에 자리 잡고 쉬어서 붙인 이름이지요.

주변 수심이 12~22미터이고, 바위섬 아래에 동굴이 있어요. 동굴 안에는 흑돔 외에도 쏠배감펭과 해마, 개볼락을 비롯해 여러 종류의 물고기들이 살고 있지요.

© 김상준

"알아보기"

◎ 물고기의 분류

생물에는 '계(kingdom) 〉 문(phylum) 〉 강(class) 〉 목(order) 〉 과(family) 〉 속(genus) 〉 종(species)'이라는 체계가 있어요. 〉 표시는 큰 특징에서 점점 작은 특징으로 이어지는 단계를 뜻해요. 이는 우리가 주소를 표시할 때 '대한민국 〉 광역시·도 〉 시·군·구 〉 도로 이름 〉 건물 이름'의 순서와 비슷하지요.

지구상에는 동물만 해도 100만 종이 넘는 것으로 알려져 있어 이처럼 체계적인 분류가 필요해요. 물고기는 동물계 가운데 척추가 있는 척삭동물문에 포함되어요. 척삭동물에는 어류(물고기)와 양서류, 파충류, 조류, 포유류가 있고, 이 가운데 어류는 지느러미로 물속에서 헤엄치며 살아가는 동물의 한 무리로 많은 목 〉 과 〉 속 〉 종이 있지요.

이 책에는 독도에서 만날 수 있는 130여 종의 물고기가 소개되어 있습니다. 순서는 어류의 분류 체계에 따랐습니다. 학명의 abc 순서도 아니고, 우리말 이름(국명)의 ㄱㄴㄷ 순서도 아닌, 어류 분류 체계의 순서가 무엇인지 궁금하지요?

모든 생물은 지구상에 나타난 최초의 시기가 있어요. 어류도 마찬가지이지요. 척추동물은 어류 〉 양서류 〉 파충류 〉 조류 〉 포유류 순서로 지구상에 나타났고, 오랫동안 어류학자들의 연구 결과에 따라서 지구상에 나타난 최초의 시기를 추정하여 어류의 순서를 정한 것이지요.

다만, 과 안에서 속과 종을 배열할 때는 학명의 abc 순서에 따른답니다.

◎ 학명이란?

각 생물 종을 가리키는 이름은 각 나라마다 달라요. 같은 언어를 쓰는 지역에서는 그 의미가 통하지만, 다른 언어를 쓰는 곳에서는 통하지 않지요.

학명이란 세계 어느 나라의 생물학자나 일반 사람들이 한 생물에 대해서 공통적으로 이해하고 알 수 있는, 곧 규칙에 따라 약속한 이름이라고 할 수 있어요.

이 규칙을 이명법이라고 해요. 1753년 스웨덴의 생물학자 린네가 처음으로 이명법을 세워 학명을 정리했지요. 이 규칙에 따라 모든 생물 종의 학명은 라틴어로 속명과 종명을 뜻하는 두 단어로 이루어져요. 첫 번째 단어는 그 종이 속한 속(genus)의 이름(속명)이며 언제나 대문자로 시작해요. 두 번째 단어는 당연히 종(species)의 이름(종명)으로 소문자로 표기하지요.

학명은 반드시 이탤릭체로 쓰거나 단어에 밑줄을 그어 표시해요. 예를 들어 숭어의 학명은 '*Mugil cephalus* Linnaeus' 또는 'Mugil cephalus Linnaeus'로 표기하지요. 여기서 *Mugil*은 속명, *cephalus*는 종명이에요. Linnaeus는 세계 최초로 생물의 이름(학명)을 지은 사람의 이름(엄밀히 말하면 성씨)이지요.

노랑씬벵이의 학명은 '*Histrio histrio* (Linnaeus)'인데, 학명을 지은 사람의 이름에 ( )가 표시되어 있군요. 이는 Linnaeus(린네)가 처음으로 이 물고기를 새로운 종으로 보고했지만, 시간이 흘러 어떤 생물학자(어류학자)가 린네의 학명을 고쳐서 바로잡았다는 것을 뜻하지요.

◎ 독도 바다에 사는 물고기

독도 바다에는 모두 14목의 물고기들이 살고 있어요. 홍어목, 청어목, 메기목, 아귀목, 숭어목, 색줄멸목, 동갈치목, 금눈돔목, 달고기목, 큰가시고기목, 쏨뱅이목, 농어목, 가자미목, 복어목이지요.

이 가운데 홍어목은 상어처럼 뼈가 물렁한 연골어류이고, 나머지 13개의 목은 모두 뼈가 딱딱한 경골어류예요. 이 경골어류는 얼핏 보기에도 쉽게 구별되는 몸의 모양(체형)과 형태의 특징에 따라 각각 목으로 나뉘지요. 그리고 각 지느러미 모양을 비롯해 목보다는 좀 더 작은 형태의 특징들에 따라 더 많은 과로 나뉘어요.

◎ 물고기의 몸 모양

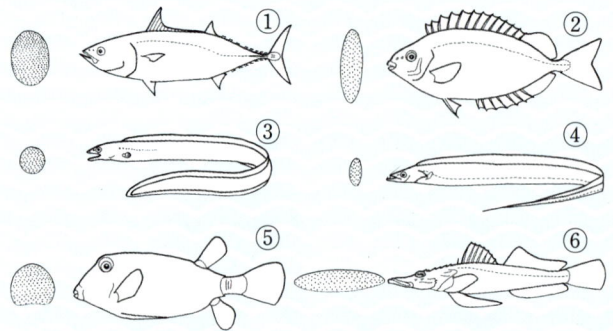

① 방추 모양(방추형)　　　　② 양옆으로 납작한 모양(측편형)
③ 기다란 원통 모양(장어형)　④ 기다랗고 양옆으로 납작한 모양(리본형)
⑤ 동그란 공 모양(복어형)　　⑥ 위아래로 납작한 모양(종편형)

◎ 물고기의 번식 방법

물고기가 새끼를 낳는 방법에는 크게 두 가지가 있어요.

암컷과 수컷이 짝짓기를 하여 새끼를 낳는 방법(몸 안에서 이루어지는 체내 수정)과 암컷이 알을 낳으면 수컷이 알 위에 정자를 흩뿌려서 알들이 부화하는 방법(몸 밖에서 이루어지는 체외 수정)이 있지요.

상어와 홍어를 포함한 연골어류는 모두 짝짓기를 하는 체내 수정이고, 경골어류는 대부분 체외 수정을 해요. 그렇기 때문에 경골어류인 금붕어가 어항 속에서 짝짓기 하는 모습은 볼 수 없지요.

독특하게 경골어류 가운데 양볼락과와 망상어과 물고기는 체내 수정으로 새끼를 낳아요. 따라서 이 물고기들이 알을 낳는 모습은 볼 수 없겠지요? 암컷과 수컷이 짝짓기를 한 뒤 암컷의 배 속에서 수정이 이루어지고, 암컷이 새끼를 낳으니까요.

여기에서 잠깐! 체외 수정으로 어미가 몸 밖으로 알을 낳는 것을 난생, 체내 수정으로 어미 몸속의 알들이 알 속의 영양분(난황)을 먹고 자라서 새끼로 태어나는 난태생, 어미 몸속의 알들이 어미에게서 영양분을 받고 자라서 새끼로 태어나는 것을 태생이라고 해요. 양볼락과 무리는 난태생어, 망상어과 무리는 보통 5개월 동안 배 속에서 새끼를 키운 뒤에 낳는 태생이라고 할 수 있지요.

◎ 대표적인 독도 바닷물고기 '과'의 특징

씬벵이과: 몸은 아귀와 비슷하며, 둥글어요. 피부는 말랑말랑하고 비늘이 없지만, 작은 가시나 돌기가 있는 종도 있어요. 등지느러미 앞쪽 가시 하나가 낚싯대처럼 뻗어 있어 그 끝을 미끼처럼 흔들어 먹잇감을 끌어들이지요. 주변 환경에 따라서 몸 색이 여러 색으로 바뀌어요.

철갑둥어과: 등지느러미와 배지느러미가 딱딱하고 강한 가시로 되어 있지요. 몸은 갑옷처럼 단단한 비늘로 덮여 있어요. 아래턱에 빛을 내는 발광기가 있지요.

실고기과: 주둥이가 길고 몸은 단단한 골질(뼈를 이루는 물질)로 덮여 있어요. 이 무리의 물고기는 수컷에 알을 보호하는 주머니(육아낭)가 있어 암컷이 이 속에 알을 낳으면 수컷이 수정한 뒤 시간이 지나면 알들이 부화하여 주머니 밖으로 나와요. 그 모습이 마치 수컷이 새끼를 낳는 것처럼 보이지요.

양볼락과: 머리와 아가미뚜껑 가장자리에 끝이 날카롭고 단단한 뼈들이 가시처럼 튀어나왔어요. 입이 크고 턱이 아주 튼튼하지요. 등지느러미와 뒷지느러미 가시들이 날카롭고 독을 가진 종들이 많아요.

바리과: 몸이 긴 타원형이고 등지느러미의 앞쪽 가시가 뾰족해요. 바다의 산호초나 바위 주변에 살면서 붉바리나 홍바리처럼 아름다운 자태를 뽐내는 물고기들이 많아요.

동갈돔과: 등지느러미가 두 개로 나뉘어 있고, 다 자라도 몸길이가 10센티미터 남짓한 작은 물고기 무리예요. 줄도화돔은 수컷이 알을 입안에 담아서 부화할 때까지 보호하는 것으로 잘 알려졌지요.

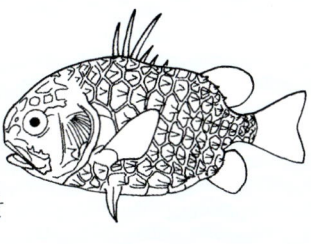

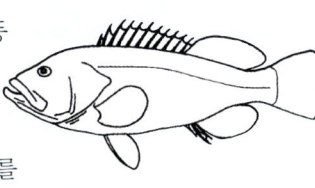
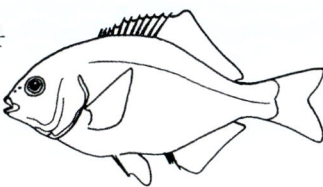

촉수과: 몸이 통통하고 길며, 등지느러미는 두 개로 나뉘어 있어요. 턱 아래에 한 쌍의 긴 촉수(수염)로 모랫바닥에서 먹이를 찾는 모습은 마치 공항에서 마약을 찾아내는 탐지견 같아요.

망상어과: 등지느러미 앞부분이 뒷부분보다 낮아요. 경골어류 가운데 드물게 암컷과 수컷이 짝짓기를 하여 새끼를 낳지요.

자리돔과: 몸이 달걀처럼 둥글고, 옆줄은 몸 앞부분에만 있어요. 알 낳을 때가 되면 수컷이 먼저 알 낳을 자리를 청소해요. 이곳에 암컷이 알을 낳으면 수컷은 알들이 부화할 때까지 돌보지요.

놀래기과: 자라면서 수컷에서 암컷으로, 암컷에서 수컷으로 바뀌어요(성 전환). 암컷과 수컷의 몸 색깔이 달라요. 수컷 한 마리와 암컷 여러 마리가 함께 지내다가 수컷이 사라지면 가장 힘센 암컷이 수컷으로 바뀌지요.

청베도라치과: 몸이 길고 머리 앞쪽은 뭉툭해요. 암컷이 바위틈이나 소라 껍데기 속에 알을 낳으면, 수컷은 알이 부화할 때까지 지켜요. 때로는 암컷과 수컷이 함께 지키기도 해요. 바위틈으로 머리를 내밀고 바깥을 살피는 모습이 앙증맞아요.

망둑어과: 이 물고기 무리의 가장 큰 특징은 배지느러미가 둥근 빨판(낙지나 오징어처럼 다른 물체에 달라붙을 때 쓰는 몸의 기관, 흡반)으로 되어 있다는 점이에요. 해안의 웅덩이에 살아가기 때문에 밀물과 썰물에 휩쓸리지 않게 몸을 바닥에 붙이기 위해서이지요.

참고한 자료
국립생태원, 2018. 생태로 읽는 독도 이야기. 209pp./ 김동식, 2016. 독도연안 어류상 및 서식처 특성. 220pp./ 대구지방환경청, 2011. 독도의 생태계. 158pp./ 최윤, 2015. 독도 바닷물고기 탐구. 한국생태연구원, 161pp./ 환경부, 2014. 독도 바다 물고기. 239pp.

일러두기

◎ **감성돔의 생김새와 각 부위 이름**

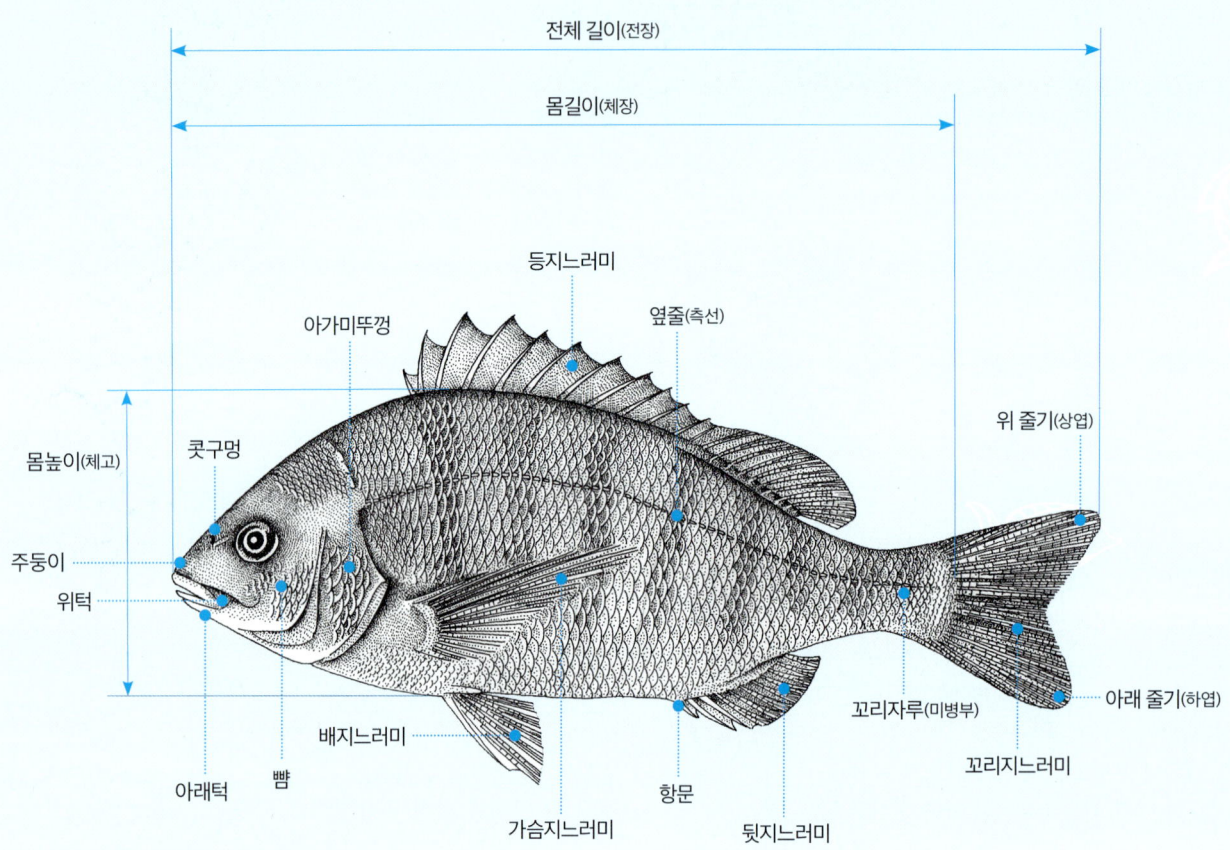

◎ **물고기의 줄무늬 구별하기**

물고기 몸의 줄무늬는 방향에 따라서 가로 줄무늬와 세로 줄무늬로 나뉘어요.
물고기의 줄무늬는 우리가 알고 있는 가로세로와 달리, 주둥이가 위쪽을 향하고 있을 때의 방향에 따라서 구분하지요.
등에서 배 쪽으로 향하는 줄무늬를 가로 줄무늬, 주둥이에서 꼬리지느러미 쪽으로 향하는 줄무늬를 세로 줄무늬라고 해요.

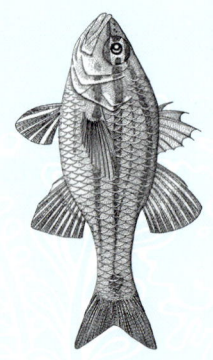

가로 줄무늬 (일곱동갈망둑)　　　　　　　　세로 줄무늬 (세줄얼게비늘)

* 이 책 말풍선은 독도 바닷물고기를 사진에 담은 김동식 박사님이 독자들에게 들려주는 이야기입니다.
* 이 책에는 한글 맞춤법에 따라 몇몇 과 이름에 '사이시옷'을 표기해야 하지만, 된소리 발음을 피하기 위해
  이를 따르지 않았어요. 예를 들면 '전기가오릿과 → 전기가오리과, 실고깃과 → 실고기과'로 표기했음을 밝힙니다.
* 본문 괄호 안에 설명글을 넣은 어려운 낱말은 이 책 끝부분에 다시 정리해 놓았습니다.

분수공이에요.

전기가오리 전기가오리과

학명: *Narke japonica* (Temminck and Schlegel)
영어 이름: Electric ray

몸이 둥근 편이고 위아래로 납작해요. 작은 눈 뒤에 툭 튀어나온 구멍으로 숨을 쉬거나 물을 빨아들이지요.

이 기관을 분수공이라고 해요. 바다 바닥에 사는 가오리류와 상어류는 이 기관으로 바다에 흙탕물이 일어날 때 위쪽 맑은 물을 빨아들여 숨을 쉬어요.

꼬리지느러미 앞에 등지느러미가 하나 있고, 가슴지느러미 아랫부분에 벌집 모양의 발전기가 있어 50~60볼트의 전기를 일으켜요. 이 전기로 작은 물고기를 기절시킨 뒤에 몸으로 더듬어 찾지요.

모래가 많은 산호초 근처에서 지내요. 우리나라 제주도를 비롯한 남해안과 서해 남쪽 바다, 일본 남부, 남중국해에 살고, 몸길이는 약 40센티미터까지 자라지요.

이 친구는 제주도에서 많이 보이지만 독도에서는 쉽게 만날 수 없어요. 호기심에 장갑 낀 손으로 만져 보았는데 까무러칠 정도로 강한 전류가 흘렀어요. 다이버가 가까이 접근해도 도망가지 않는 이 친구는 전기로 스스로를 보호하기 때문에 만지면 정말 위험해요. 독도의 해녀바위 근처에서 만났어요.

샛줄멸 청어과

학명: *Spratelloides gracilis* (Temminck and Schlegel)
영어 이름: Silver-stripe round herring

몸이 가늘고 양옆으로 납작해요. 눈이 크고 이빨은 없지요. 아가미 뒤에서 꼬리지느러미 앞까지 폭이 넓은 은색 세로줄이 뚜렷해 붙인 이름이에요.

제주도 비양도에서 '꽃멸(꽃멸치)'이라고 불러 멸치처럼 보이지만, 영어 이름에서 알 수 있듯이 청어(herring) 종류예요.

멸치는 입이 커서 위턱이 눈 뒤까지 벌어지지만, 이 친구는 입이 작아 위턱이 눈 앞 가장자리까지만 벌어져요.

육지와 가까운 바다에서 무리 지어 다니며, 주로 플랑크톤과 작은 새우 종류를 먹어요.

우리나라 동해안과 제주도를 비롯한 남해안, 일본, 타이완, 중국해에 살고, 몸길이는 약 10센티미터까지 자라요.

서도 코끼리바위 근처에서 만났어요.
멸치처럼 무리 지어 다니지요.

멸치가 아닌 청어 종류예요.

전어 청어과

학명: *Konosirus punctatus* (Temminck and Schlegel)
영어 이름: Dotted gizzard shad

아가미 뒤에 검은색 점이 하나 있고, 등 쪽 비늘을 따라 작은 검은색 점들이 줄지어 있어요. 등은 검은빛을 띤 청색, 배는 은빛을 띤 흰색이에요.

이름은 맛이 좋아 너나없이 마구 사들인다고 하여 돈을 뜻하는 '전(錢)' 자를 붙인 것에서 비롯되었다고 해요. 그 밖에 화살촉을 닮았다거나 아가미 뒤의 검은 점이 옛날 돈 엽전을 닮아 붙였다고도 하지요.

육지와 가까운 바다(연근해)와 강 하류에 살며 작은 플랑크톤을 먹어요. 3~6월에 강 하구에서 알을 낳고, 알에서 깨어난(부화) 어린 물고기는 1년이 지나면 새끼를 낳을 수 있어요.

우리나라의 모든 연안과 일본, 남중국해에서 살고, 몸길이는 약 25센티미터까지 자라요.

> 동도 선착장 안쪽에서 만났어요.
> 이곳에서 만난 뒤로 전혀 만나지 못했어요.
> 여름(6~9월)에 사는 곳과
> 가을에서 이듬해 봄(10~5월)까지
> 사는 곳이 달라 자주 만나기가 힘들어요.

쏠종개 쏠종개과

학명: *Plotosus lineatus* (Thunberg)
영어 이름: Striped sea catfish

긴 수염이 주둥이에 두 쌍, 아래턱에 두 쌍 있어요. 낮에 연안(육지와 바다가 연결된 곳으로 바닷가, 갯벌, 우리나라 주권이 미치는 바다까지 포함)의 바위 아래나 바닷말류(해조류)가 우거진 곳에서 지내다가 해가 지면 떼 지어 먹이 활동을 하지요. 등지느러미와 가슴지느러미에 독가시가 있어요.

그 가시로 쏜다고 해서 이름에 '쏠' 자를 붙였고, '종개'는 주둥이로 돌이나 자갈 틈새를 쪼아대면서 먹이를 찾는 습성에서 붙인 이름이라고 해요. 몸 모양이 메기와 비슷하여 제주도에서는 '바다메기'라고도 부르지요. 영어 이름은 주둥이가 고양이처럼 생겨 캣피시(catfish)라는 뜻이고, 다이버들에게 인기가 많아요.

우리나라 제주도 연안과 일본 중부 이남의 바다에 살고, 몸길이는 약 30센티미터까지 자라요.

> 마치 군대처럼 무리 지어 행동해요. 앞줄의 쏠종개가 모래를 파헤치면 그다음 줄의 쏠종개들이 질서정연하게 움직이면서 먹이를 먹지요. 지느러미에 독가시가 있어서 만지면 위험해요!

마치 군대처럼 무리 지어 질서정연하게 움직여요.

빨간씬벵이 | 씬벵이과

학명: *Antennarius striatus* (Shaw)
영어 이름: Striated frogfish, Hairy frogfish

몸이 타원형으로 동글동글해요. 주둥이 앞에 실처럼 기다란 줄기(유인 돌기) 끝을 마치 미끼처럼 살살 흔들어 다른 물고기들이 먹이인 줄 다가오면 재빨리 낚아채지요. 몸 색은 누런 빛(익은 벼 이삭처럼 어둡고 탁한 빛)을 띤 갈색 개체들이 많지만, 옅은 노란색, 주황색으로 몸 색이 자주 바뀌어요. 몸과 지느러미에 검은색 점무늬가 흩어져 있고, 가슴지느러미와 배지느러미로 바닥을 기어 다니는 느림보 물고기예요.

그 모습이 마치 신(신발)을 신고 걷는 듯해서 붙인 이름 같기도 해요. 영어 이름은 생김새에 빗대어 개구리를 닮은 물고기(frogfish), 또는 기다란 줄기로 먹잇감을 끌어들인다고 해서 낚시꾼 물고기(Angler-fish)라는 뜻이에요.

연안의 바위가 많은 모래와 진흙 바닥에서 살아요. 우리나라 남해안(제주도)과 태평양 동쪽 바다를 제외한 전 세계 바다에 살고, 몸길이는 약 20센티미터까지 자라요.

동도 선착장 안쪽에서 만나 사진을 찍었어요.
암수 한 쌍이 발견되었지요.
주로 가슴지느러미로 걸어 다니듯 움직여요.
주변 환경과 비슷한 몸 색으로 바꾸고 있다가
지나가는 물고기가 보이면
재빨리 주둥이를 내밀어서 빨아들여요.
알을 낳을 시기에 암수가 헤엄치다가
수면으로 떠올라 순식간에 알을 낳지요.

피부에 작은 가시가 빽빽히 돋아 있어서 거칠어 보여요.

노랑씬벵이 | 씬벵이과

학명: *Histrio histrio* (Linnaeus)
영어 이름: Frog fish, Sargassum fish

몸이 공처럼 물렁물렁해요. 빨간씬벵이와 달리 몸에 작은 가시나 돌기가 없어 매끈하지요. 주둥이 앞의 유인 돌기가 짧고, 개체에 따라 몸 색깔이 자주 바뀌어요. 보통 노란색 바탕에 검은빛을 띤 갈색 무늬들이 흩어져 있어요.

영어 이름은 이 친구가 모자반(sargassum) 따위의 줄기를 가슴지느러미로 잡고 떠다니면서 먹이 활동을 하는 습성에서 붙였다고 해요. 모자반으로 모여든 작은 물고기들을 순식간에 낚아채듯 먹거든요.

연안의 바위가 많은 모랫바닥에서 지내고, 우리나라 남해안(제주도)과 태평양 중동부 바다를 제외한 전 세계 온대와 열대 바다에서 살아요. 몸길이는 약 15센티미터까지 자라지요.

동도 선착장 안쪽에서 찍은 사진이에요.
빨간씬벵이와 함께 만났지요.
노랑씬벵이라고 모두 노란색을 띠는 것은 아니에요.
씬벵이들은 위장의 마술사로
주변과 몸 색깔을 비슷하게 꾸미고
먹잇감을 기다리지요.

© 김지현

숭어 숭어과

학명: *Mugil cephalus* Linnaeus
영어 이름: Flathead Gray mullet

몸은 원통형에 머리가 아래위로 납작한 편이에요. 커다란 눈에는 투명한 기름막이 덮고 있어요. 옆줄은 없고, 등지느러미가 두 개 있지요. 꼬리지느러미가 두 갈래로 깊이 파여 있어요. 비늘 위에 가지런하게 있는 검은색 점들이 세로 줄무늬로 보이기도 해요.

봄이 되면 알에서 깨어난 어린 새끼들이 하천(민물)으로 거슬러 올라오기도 하고, 다 자란 가을 즈음에는 알을 낳으려고 따뜻한 바다로 나가기도 해요.

이름은 생김새와, 특히 겨울에 맛이 빼어나 '빼어날 수(秀)'를 붙인 것에서 비롯되었다고 해요.

우리나라의 모든 바다, 전 세계의 온대와 열대 바다에 살고, 몸길이는 약 80센티미터까지 자라지요.

동도와 서도 사이에서 자주 만날 수 있어요. 먹이 활동을 하면서 빠르게 지나가고, 다이버들의 공기 방울 소리에 매우 예민하여 재빨리 달아나 관찰이나 사진 찍기가 무척 어려워요.

진흙 바닥 속에 있는 작은 먹이들을 훑어먹거나 바닥이나 바위에 달라붙어 있는 (부착) 조류(물속에 살면서 엽록소로 광합성을 하며, 뿌리·줄기·잎의 구별이 없어요. 꽃을 피우지 않고 포자로 번식하는 식물이지요) 따위를 먹어요.

물꽃치 물꽃치과

학명: *Iso flosmaris* Jordan and Starks
영어 이름: Flower of the surf

몸은 양옆으로 납작하고, 둥근 머리 앞쪽에 작은 가시들이 있어요. 눈이 크고 비늘이 아주 작지요. 가슴과 배에는 비늘이 없고 항문 부근에 비늘이 있어요. 몸은 투명하며 몸 가운데 폭이 넓은 은빛을 띤 흰색 세로 줄무늬, 꼬리지느러미에 작은 점들이 줄지어 있지요.

파도가 거세고 바위가 많은 연안에 무리 지어 다녀요. 몸 색이 은빛인 이 친구들이 떼 지어 다니는 모습이 파도에 넘실거리는 꽃들 같아요. 영어 이름도 '파도의 하얀 거품(꽃)'을 뜻하지요.

우리나라 제주도를 비롯한 남해안과 울릉도, 일본 남부 바다에 살고, 몸길이는 약 5센티미터까지 자라요.

코끼리바위 동쪽에서 많이 보여요.
무리 지어서 이동하거나 먹이 활동을 하지요.
물속에서 보면 은빛 멸치 떼와 비슷해요.
하지만 멸치보다는 엄청 작지요.
섬 절벽 아래 파도가 늘 일어나는 곳의
바닷속에서 쉽게 만날 수 있어요.

꼬리지느러미에 작은 점들이 줄지어 있어요.

동갈치 동갈치과

학명: *Strongylura anastomella* (Valenciennes)
영어 이름: Pacific needlefish

옆줄이 몸 아래 배 쪽 아가미 뒤에서 시작되어 꼬리자루까지 길게 이어져요. 가슴지느러미 아래에도 짧은 옆줄이 있어 배 쪽의 옆줄과 이어지지요. 주둥이가 아주 기다랗고 뾰족하며, 이빨이 날카로워요.

갈치보다 맛이 떨어진다고 쓸모없는 갈치라는 뜻에서 '똥갈치'라는 이름이 변한 것이라고 하지만, 몸통이 갈치보다 둥글어 붙인 이름이라고도 해요. 영어 이름은 몸이 길고 뾰족한 모양에서 바늘고기(needle fish)를 뜻하지요.

연안의 해수면(바닷물의 가장 윗부분, 표면) 가까이에서 헤엄치며 먹이 사냥을 해요.

우리나라의 남해안과 일본 홋카이도 이남, 동중국해에 살고, 몸길이는 약 1미터까지 자라지요.

저녁 무렵 수면에서 작은 물고기를 사냥하는 동갈치를 만났어요. 동작이 빠르고 예민해서 물속에서 표면 쪽을 쳐다보아야 그 모습을 사진에 담을 수 있지요.

꽁치 꽁치과

학명: *Cololabis saira* (Brevoort)
영어 이름: Pacific saury

주둥이가 뾰족하고 아래턱이 위턱보다 길어요. 지느러미는 투명하고, 아래턱 끝부분이 노란색을 띠지요.

옛날에 청도어, 추광어, 공어, 공침어로 불렀고, 그 가운데 공어→공치→꽁치로 바뀌었다고 해요. 또 '꼬챙이(곶)처럼 생긴 물고기(치)' 곶치에서 곤치→공치→꽁치로 바뀌었다고도 하지요.

위가 없고 창자가 매우 짧아 떠다니는 어린 새우류, 물고기 알을 주로 먹어요. 계절에 따라 해류(한류)를 타고 이동하지요.

우리나라 동해, 일본에서 미국 서해안에 이르는 북태평양 바다에 살고, 몸길이는 약 40센티미터까지 자라요.

독도에서 꽁치는 매우 중요한 물고기예요.
괭이갈매기가 알을 낳고 새끼를 키우는 시기에
독도의 꽁치는 바다 표면에 뜬 모자반에 알을 낳지요.
괭이갈매기는 그 꽁치 알을 새끼에게 먹이거든요.
꽁치 알은 2~3일이면 부화되니까 부지런히 먹이겠지요.
사진을 찍으려고 모자반을 모아서 다발로 묶어 두었어요.
잠시 후, 꽁치 20여 마리가 와서 모자반을 살피네요.
그 후 20분 정도 지나고, 수백 마리 꽁치 무리가 몰려와서
모자반에 알을 낳아요. 이때는 꽁치를 손으로 잡아도
도망가지 않아요. 자손을 번식하기 위한 본능적인
행동이지요. 예전에 울릉도에서 이렇게
손으로 꽁치잡이를 했대요.

모자반을 모아서 다발로 묶어 두었더니 어미 20여 마리가 다가와 모자반을 살피네요.

아래턱에 빛을 내는 발광 박테리아가 살아요.

철갑둥어 철갑둥어과

학명: *Monocentris japonica* (Houttuyn)
영어 이름: Pinecorn fish

등지느러미와 배지느러미 앞에 크고 억센 가시가 하나 있어요. 머리와 입이 크고 위턱이 눈 뒤까지 이르러요. 꼬리자루 외에 온몸이 뼈처럼 단단한 판(골질판) 모양의 황금색 비늘로 덮였지요.

그 모습이 마치 철갑(갑옷)을 두른 듯해서 붙인 이름이에요. 영어 이름은 파인애플 또는 솔방울(pinecorn)을 뜻해요. 비늘들 사이와 머리 부분에 검은색 줄무늬들이 있지요.

따뜻한 바다에 바위가 많고 얕은 곳에서 살아요. 아래턱 발광기에 서로 도우면서 사는(공생) 빛을 내는 발광 박테리아가 있어 밤에 푸른색을 띤 밝은 빛을 내기도 해요.

우리나라 제주도를 비롯한 남해안과 동해안, 일본 홋카이도 이남, 인도양, 오스트레일리아 바다에 살고, 몸길이는 약 15센티미터까지 자라지요.

서도 혹돔굴 입구에서 만났어요.
큰 바위 밑에 자리 잡고 살면서 멀리 이동하지 않고, 동작이 빠르지 않아 사진 찍기가 수월했지요.
장군의 갑옷을 입은 듯한 모습이 무척 아름다워요.

비늘적투어 얼게돔과

학명: *Myripristis botche* Cuvier
영어 이름: Blacktip soldierfish, Big scale soldierfish

눈이 주둥이 길이의 두 배에 이를 만큼 아주 커요. 몸은 노란빛을 띤 붉은색이며, 각 비늘의 가장자리는 색이 더 진해요. 지느러미 끝은 검은색이지요.

'적투어'란 비늘이 갑옷을 두른 듯 크고 단단해 '싸우는 물고기'라는 뜻이지요. 무리 지어 다니는 모습이 마치 훈련하는 군인들 같아요. 영어 이름은 지느러미 끝이 검고(blacktip), 붉은색이 화려한(splendid) 군인 물고기(soldierfish)라는 뜻이지요.

연안의 산호초와 바위가 많은 곳에서 지내요. 우리나라 제주도, 일본 남부, 인도양, 서태평양 바다에 살고, 몸길이는 약 25센티미터까지 자라지요.

활발하게 움직이는 낮보다는 밤에 쉽게 만날 수 있어요. 바위 밑에서 쉬고 있는 모습을 찍었어요.

달고기 달고기과

학명: *Zeus faber* (Linnaeus)
영어 이름: John dory

온몸에 파도 모양의 줄무늬와 몸 가운데에 흰 테두리로 둘러싼 크고 둥근 점이 있어요. 등지느러미에 실처럼 길게 뻗은 가시가 열 개 있지요.

밤에 주로 활동하고 어린 물고기나 오징어들을 사냥해요. 먹잇감을 보면 주둥이를 앞으로 쑥 내밀어 순식간에 빨아들이지요.

둥근 점이 마치 보름달 같아 붙인 이름이지요. 영어 이름은 '성 베드로의 물고기'라는 뜻이에요.

수심 30~200미터 연안의 바위가 많은 바닥에서 지내요. 우리나라 남해안(제주도)과 동해안, 일본 홋카이도 이남, 인도양과 태평양에 살고, 몸길이는 50센티미터까지 자라지요.

서도의 독립문바위에서 만났어요.
바닷물의 온도(수온)가 낮은
좀 더 깊은 곳까지 내려가야 볼 수 있지요.

부채꼬리실고기 실고기과

학명: *Doryrhamphus japonicus* Araga and Yoshino
영어 이름: Blackside pipefish

단단한 판(골질판)으로 덮여 있는 몸은 주황색을 띠고, 대롱 모양의 주둥이가 툭 튀어나와 있지요. 등에 좁다란 청색 줄무늬가 길게 있어요.

몸이 실처럼 기다랗고, 꼬리지느러미가 부채 모양이라 붙인 이름이에요.

수심 10미터가량의 바위가 많은 곳에서 살고, 밝은 곳에는 잘 나오지 않아요. 암컷이 수컷의 배에 있는 주머니에 알을 낳으면 수컷은 알이 깨어날 때까지 돌봐요.

우리나라 제주도, 일본 남부, 타이완 바다에 살고, 몸길이는 약 8센티미터까지 자라지요.

> 이 친구는 혹돔굴 입구의 절벽 틈에서 만났어요. 움직임이 둔한 밤에 수중 전등으로 비추어야 관찰할 수 있지요.

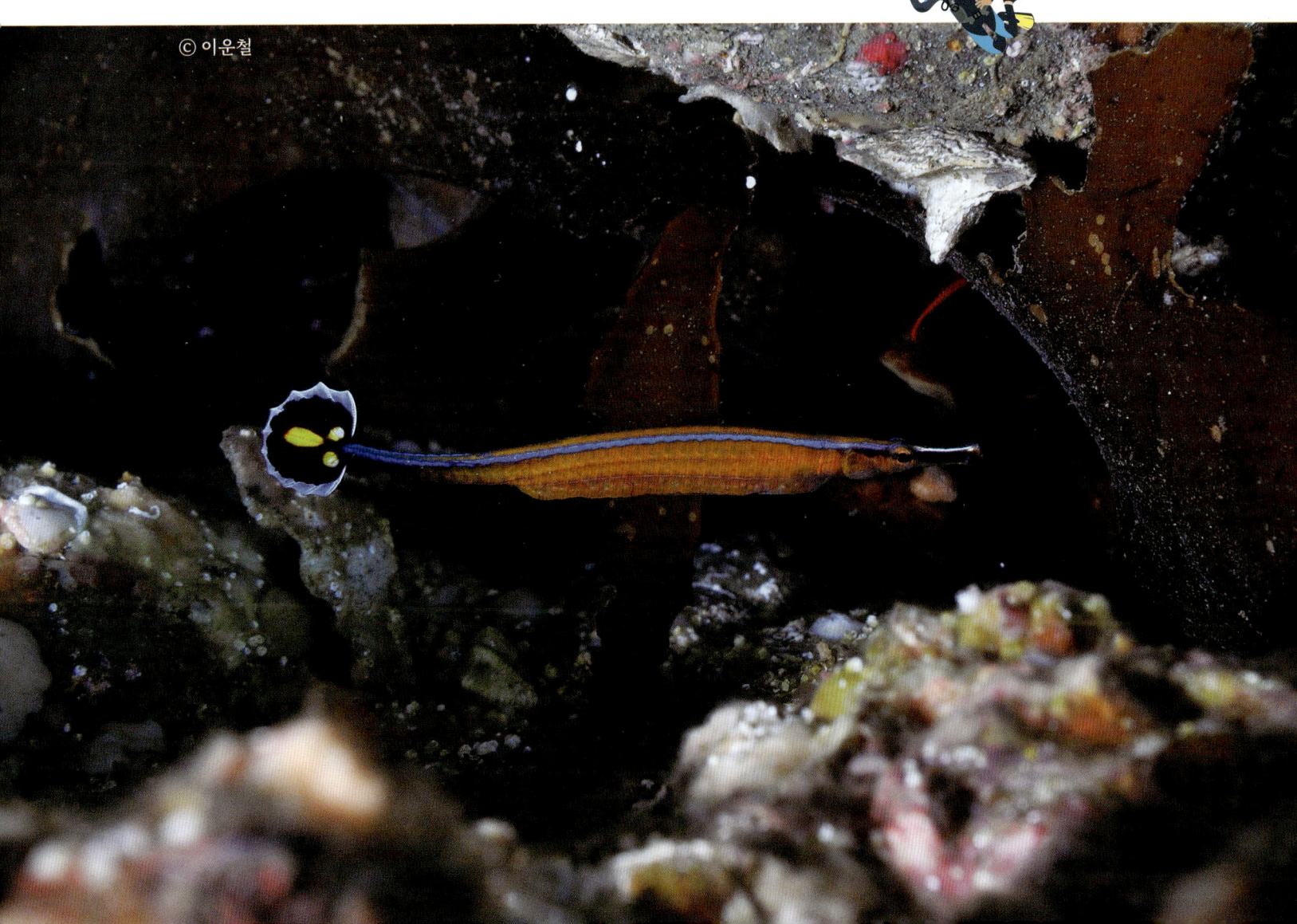

ⓒ이운철

등지느러미를 빠르게 움직여 헤엄쳐요.

왕관해마 실고기과

학명: *Hippocampus coronatus* Temminck and Schlegel
영어 이름: Crowned seahorse

머리와 주둥이에 뿔 모양으로 볼록 튀어나온 돌기가 있어요. 몸 색이 자주 바뀌고, 등지느러미에 작은 검은색 점들이 줄지어 있지요.

해마는 생김새가 말을 닮아 '바다의 말'이라는 뜻이고, 머리의 뿔이 왕관 같아 붙인 이름이에요.

연안에서 바닷말류가 우거지고 바위가 많은 곳에 살지요. 꼬리로 바위나 바닷말류 줄기를 감아 몸을 세운 뒤 작은 플랑크톤들을 빨아들이듯 먹어요.

실고기과에 속하는 물고기들이 그렇듯, 암컷이 수컷의 주머니에 알을 낳으면 수컷은 알이 깨어날 때까지 돌보지요. 깨어난 새끼들이 주머니에서 나올 때면 마치 수컷이 새끼를 낳는 것처럼 보여요.

우리나라 제주도와 남해안, 일본 바다에 살고, 몸길이는 약 10센티미터까지 자라지요.

혹돔굴 입구에 아주 작은 모자반에서 만났어요.
너무 작아 밤에 움직임이 없을 때 찍은 사진이지요.
몸을 곧게 세우고 등지느러미를
빠르게 움직여서 헤엄쳐요.
지느러미를 움직이는 속도가
돌아가는 선풍기 날개처럼
잘 보이지 않지요.

40

독도에서 만난 왕관해마는 현재 생물학자들에게 많은 관심을 끌고 있어요. ⓒ정상우

거물가시치 실고기과

학명: *Trachyrhamphus serratus* (Temminck and Schlegel)
영어 이름: Crested pipefish

몸과 머리가 원통 모양으로 길고, 대롱 모양의 주둥이가 툭 튀어나왔어요. 몸은 짙은 갈색이며, 검은색 가로 줄무늬가 12~13줄 있지요.

등 쪽으로 톱니(거물) 같은 돌기가 가시처럼 나 있어 붙인 이름이에요. 영어 이름은 끝이 톱니 같은 머리의 볏(crested) 모습에서 따왔어요.

수심 15~100미터의 모래와 펄 바닥에서 지내요.

우리나라 제주도, 일본 남부, 타이완, 중국, 인도양 동부 바다에 살고, 몸길이는 약 30센티미터까지 자라지요.

> 혹돔을 관찰하려고 매일 밤 바닷속을 누비다가 혹돔굴에서 만났어요.
> 몸 색이 주변 색과 비슷해서 발견하기가 매우 어렵지요.
> 천천히 다가가면 별로 움직이지 않아 사진 찍기가 쉬워요.

머리에 톱니 같은 볏이 있어요.(출처: https://en.wikipedia.org, ⓒ Izuzuki)

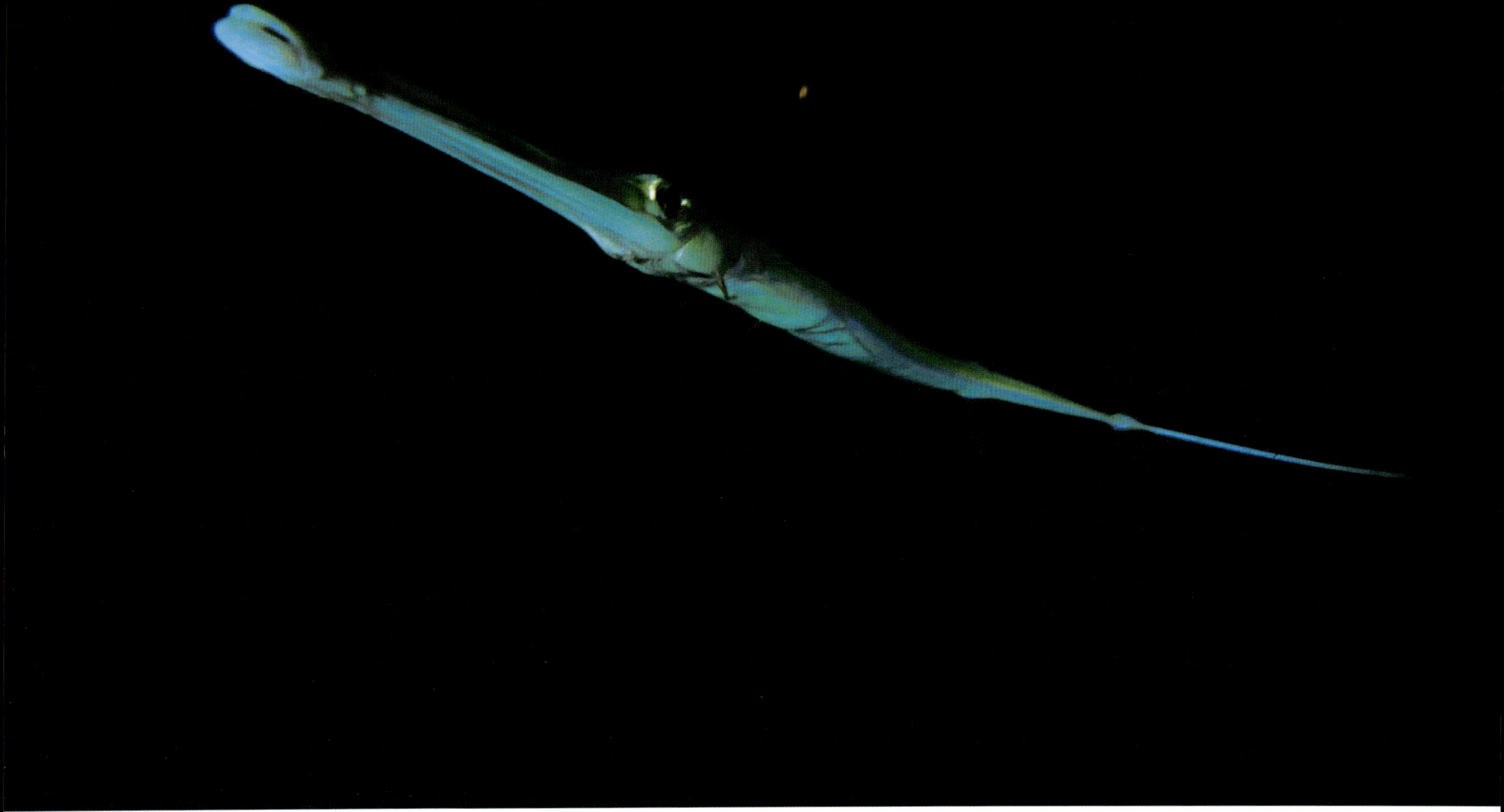

청대치 대치과

학명: *Fistularia petimba* Lacepède
영어 이름: Flute mouth, Bluespotted cornefish

몸은 실고기처럼 기다랗고 비늘이 없어 몸이 까슬까슬해요. 주둥이는 기다란 관(pipe) 모양이고, 꼬리지느러미 가운데 부분이 실처럼 길게 뻗었지요. 두 눈 사이가 오목하게 들어갔어요. 물속에서 가만히 떠 있다가 작은 물고기들이 입 쪽으로 지나가면 재빨리 기다란 주둥이로 빨아들이듯 먹지요.

'대치'는 기다란 주둥이와 몸통을 대나무에 빗대었고, 몸 색이 초록빛을 띤 푸른색(청색)이라 붙인 이름이지요. 몸 색이 붉은빛을 띠는 홍대치도 있어요.

수컷이 둥지를 만들면 암컷은 그곳에 알을 낳은 뒤 죽고, 수컷이 알과 새끼를 돌보다가 새끼가 자란 뒤에 죽지요.

우리나라 제주도, 전 세계의 온대와 열대 아열대 바다에 살고, 몸길이는 약 2미터까지 자라요.

해녀바위에서 자주 만나는데, 낮보다 밤에 더 쉽게 관찰할 수 있어요. 밤에 작은 플랑크톤을 사냥하는 모습도 볼 수 있지요.

미역치 양볼락과

학명: *Hypodytes rubripinnis* (Temminck and Schlegel)
영어 이름: Redfin velvetfish

    회색을 띤 몸이 붉은빛을 띤 갈색 무늬로 알록달록해요. 머리 앞쪽이 뭉툭하고, 등 쪽에 있는 옆줄이 하얀 점으로 나타나지요. 등지느러미 가운데에 검은색 점이 있어요. 수컷은 등지느러미 앞쪽에 가시 2~4개가 마치 수탉의 볏 같아서 암컷과 구별되지요.

    위협을 느끼면 독이 있는 이 가시로 상대방을 공격해요. 미역이 많이 자라는 곳에 살아서 붙인 이름이지요.

    연안의 바닷말류가 무성하고 바위가 많은 곳에서 무리를 이루며 지내요.

    우리나라 동해안과 남해안, 일본 중부 이남의 바다에 살고, 몸길이는 약 10센티미터까지 자라지요.

독도 연안 어디에서든 쉽게 만나지만,
크기가 작아서 자세하게 살펴봐야 해요.
잘 도망가지 않아 다이버들에게 인기가 많지요.
등지느러미 가시에 독이 있으니까 조심해야 해요!

등지느러미 가운데 검은색 점이 돋보여요.

쏠배감펭 양볼락과

학명: *Pterois lunulata* Temminck and Schlegel
영어 이름: Luna lionfish

눈 위에 피부가 변한 나뭇잎 모양의 돌기가 있어요. 가슴지느러미와 가시가 긴 등지느러미를 활짝 펼치면 공작의 날개깃처럼 아름다워요. 등지느러미 가시에 독이 있어 통증이 무척 심해요. 거칠고 사납다는 뜻의 '감풀다'에서 따온 '감펭이'와 가시로 쏘는 습성의 '쏠뱅이'를 합쳐 지은 이름이지요. 영어 이름은 '달빛(은빛) 사자'를 뜻해요.

몇몇이 짝을 지어 커다란 가슴지느러미를 활짝 펴고 작은 물고기들을 몰아서 먹이 사냥을 하지요.

우리나라 동해안과 남해안, 일본 홋카이도 이남, 인도양, 서태평양에 살고, 몸길이는 약 30센티미터까지 자라요.

> 제주도에서 주로 만나는 친구예요. 흑돔굴 입구 바위틈에서 처음으로 어린 개체를 만났지요. 그 후로 3년 동안 같은 장소에서 만났지만, 지금은 보이지 않아요. 이 친구들은 암수가 짝을 지어 헤엄치다가 재빨리 수면으로 올라가서 알을 낳지요. 지느러미 가시에 독이 있어 만지면 위험해요!

ⓒ 김상준

눈 위쪽 피부가 깃털 모양으로 변했어요.

쭈굴감펭 양볼락과

학명: *Scorpaena miostoma* Günther
영어 이름: Smallmouth scorpionfish

연한 주황색 몸에 붉은빛을 띤 갈색 무늬가 흩어져 있어요. 지느러미마다 진한 붉은색 점무늬가 있어요.

머리가 크고 울퉁불퉁 쭈굴쭈굴(쭈글쭈글)해서 붙인 이름이래요. 영어 이름은 머리 주변으로 날카로운 가시들이 솟아난 모습에서 입이 작은 전갈물고기를 뜻하지요.

연안의 바위가 많은 곳에서 살며, 주로 물고기들을 먹어요.

우리나라 제주도를 비롯한 남해안, 일본 중부 이남의 바다에 살고, 몸길이는 약 20센티미터까지 자라지요.

해녀바위에서 자주 만나는데, 낮보다 밤에 더 쉽게 관찰할 수 있어요. 밤에 작은 플랑크톤을 사냥하는 모습도 볼 수 있지요.

우럭볼락 양볼락과

학명: *Sebastes hubbsi* (Matsubara)
영어 이름: Armor-clad rockfish

붉은빛을 띤 갈색 몸에 옆쪽으로 진한 갈색 가로 띠무늬가 있어요. 지느러미마다 작은 검은색 점들이 흩어져 있고, 꼬리지느러미 뒤쪽은 검은색 점들이 모여서 3~4줄의 줄무늬를 이루지요.

볼락 종류 가운데 대표적인 '조피볼락'은 '우럭'이라고도 하는데, 이와 비슷한 모양에서 붙인 이름이라고 해요. 영어 이름은 '바위 주변에 사는 갑옷을 입은 물고기'를 뜻하지요. 우럭은 얼룩의 옛말 '어록'이 바뀌었다고 해요.

연안의 바닷말류와 바위가 많은 곳에서 살고, 작은 갑각류(게, 새우, 가재처럼 몸이 딱딱한 껍질로 싸여 있고 몸이 여러 마디인 물속 동물)를 먹지요.

우리나라 동해안과 남해안, 일본 중부 이남의 바다에 살고, 몸길이는 약 20센티미터까지 자라요.

이 친구는 양볼락 종류 가운데 몸 색이
주변 환경과 비슷해서 관찰이 매우 힘들어요.
독립문바위 바닷속 바위틈에서
이 친구를 만난 것은 정말 행운이었지요.

머리에 날카로운 가시가 삐죽삐죽 솟아 있어요.

볼락 양볼락과

학명: *Sebastes inermis* Cuvier
영어 이름: Dark-banded rockfish

몸 색이 누런빛과 잿빛을 띤 갈색, 잿빛을 띤 검은색으로 다양해요. 어릴 때는 몸 전체에 붉은색 점들이 있지요. 눈 지름이 주둥이 길이보다 긴, 눈이 큰 친구예요. 등지느러미와 뒷지느러미 가시가 억세지요.

이름은 옅은 자줏빛이나 아름다운 비단을 뜻하는 '보라'에 빗댄 보라, 볼락어에서 비롯되었다고 해요. 영어 이름은 몸에 폭이 넓은 짙은 줄무늬를 뜻하지요.

수심 20~50미터 연안의 바위가 많은 곳에서 10~20마리씩 무리 지어 지내고, 새우나 조개류, 작은 물고기들을 먹지요.

우리나라 동해안과 제주도, 일본 바다에 살고, 몸길이는 약 30센티미터까지 자라요.

독립문바위 주변 바닷속에서 헤엄치는 잿빛을 띤 갈색 볼락과 누런빛을 띤 갈색 볼락, 붉은색 점들이 있는 어린 볼락을 만났어요. 어린 볼락은 어미와 몸 색이 많이 달라서 다른 물고기로 착각하기도 해요.

잿빛을 띤 갈색 볼락들이 무리 지어 바닷속을 헤엄치네요.

몸에 붉은색 점들이 많은 어린 볼락이에요.

개볼락 양볼락과

학명: *Sebastes pachycephalus* Temminck and Schlegel
영어 이름: Spotbelly rockfish

주변 환경에 따라 몸이 여러 가지 색을 띠어요. 붉은빛을 띤 갈색 몸에 검은색 둥근 무늬가 여기저기 흩어져 있거나 짙은 갈색 몸에 노란색 점무늬들이 흩어져 있지요. 두 눈 사이가 깊이 오목하게 파여 있어요.

이름은 볼락과 '비슷하지만 어딘지 다르다' 또는 '조금 못 미치다'는 뜻을 지닌 '개' 자를 붙여 지었지요. 영어 이름은 얼룩점이라는 뜻이에요.

연안의 바위가 많은 곳에서 지내며 주로 작은 물고기나 갯지렁이, 새우, 게 따위를 먹어요.

우리나라의 모든 연안, 일본 홋카이도 이남, 중국 바다에 살고, 몸길이는 약 35센티미터까지 자라지요.

독도 연안 어디에서든 자주 만날 수 있어요. 수심이 낮고 바위 아래 어두운 곳을 좋아해요. 주로 밤에 활동하지요.

바위가 많은 곳에서 지내는 이 친구들은 주변 환경에 따라 몸 색이 많이 달라요.

조피볼락 양볼락과

학명: *Sebastes schlegelii* Hilgendorf
영어 이름: Korean rockfish

몸은 짙은 회색빛을 띤 갈색이거나 짙은 갈색에 검은색 점들이 흩어져 있어요. 눈 아래로 비스듬히 짙은 갈색 줄무늬가 두 줄 있지요.

암컷은 배 속에 수정된 알을 품고 있다가 한 달가량 지난 뒤에야 새끼들을 낳아요. 이처럼 배 속의 알이 시간이 지난 뒤 새끼로 태어나는 것을 난태생이라고 하지요. 볼락류의 특징이기도 해요. 어린 개체는 몸 색이 옅은 노란색에 갈색 띠가 네 줄 있어요.

이름은 피부가 거칠거칠해 보여 조피(식물의 줄기나 뿌리의 거칠거칠한 껍질)에 빗대었다고 해요. '우럭'이라고도 하지요.

수심이 낮고 바위가 많은 곳에서 지내며, 작은 물고기와 새우, 게, 오징어 따위를 먹어요.

우리나라의 모든 연안, 일본, 중국 바다에 살고, 몸길이는 약 50센티미터까지 자라지요.

해녀바위 근처에서 만났어요. 독도 바닷속 바위가 많은 곳에서 쉽게 만날 수 있지요. 움직임이 크지 않아 사진 찍기가 수월해요. 어미는 새끼를 낳자마자 가슴지느러미를 휘저어 새끼들을 흩어지게 하지요. 그렇게 하지 않으면 새끼들이 숨을 쉬지 못해 죽기 때문이에요.

두 눈 사이에 가시가 3~4개 있고, 위턱에도 작은 가시들이 있어요.

불볼락 양볼락과

학명: *Sebastes thompsoni* (Jordan and Hubbs)
영어 이름: Goldeye rockfish

눈자위가 황금색을 띠었어요. 누런빛을 띤 붉은색 몸에 모양이 고르지 않은 짙은 갈색 가로 줄무늬가 있지요. 이 무늬가 옆줄 아래까지 이어졌어요. 가로 줄무늬가 옆줄 근처에서 끝나는 도화볼락과 구별되지요.

이름은 몸 색이 붉은색을 띤 것에서 비롯되었다고 해요. '열기'라고도 하지요. 영어 이름은 황금색 눈이라는 뜻이에요.

수심 40~150미터 연안의 바위가 많은 곳에서 생활하고, 동물플랑크톤과 작은 물고기를 먹어요.

우리나라 서해를 제외한 모든 연안, 일본 홋카이도에서 쓰시마에 이르는 바다에 살고, 몸길이는 약 35센티미터까지 자라지요.

동도의 전차바위 근처에서 만났어요. 가까이 다가가면 재빨리 달아나기 때문에 사진 찍기가 쉽지 않았어요.

© 김광복

도화볼락 양볼락과

학명: *Sebastes joyneri* Günther
영어 이름: Saddled brown rockfish

몸은 누런빛을 띤 갈색이고, 옆줄 위쪽으로 검은빛을 띤 짙은 갈색 띠무늬가 5~6줄 있어요. 이 무늬들이 옆줄 아래까지 이어지지 않아 무늬가 옆줄 아래까지 이어지는 불볼락과 구별되지요.

이름은 등 쪽이 복숭아꽃(도화) 색을 띠어 붙였다고 해요. 영어 이름은 말안장과 같은 갈색(saddled brown)을 뜻하지요.

연안의 바위가 많은 곳에서 지내고, 동물플랑크톤과 작은 물고기를 먹어요.

우리나라의 제주도를 비롯한 남해안과 일본 남부 바다에 살고, 몸길이는 약 20센티미터까지 자라요.

해녀바위 근처에서 혼자 헤엄치는 모습을 담았어요. 독도에서 자주 만나지 못해요. 가까이 다가가면 여느 볼락류보다 재빨리 도망쳐 사진 찍기가 쉽지 않아요.

띠볼락 양볼락과

학명: *Sebastes zonatus* Chen and Barsukov
영어 이름: Rockfish

어린 개체예요. 어릴 때는 띠무늬가 뚜렷하지만 자라면서 점점 띠무늬가 흐릿해져요.

몸은 분홍빛을 띤 흰색에 짙은 갈색 점들이 흩어져 있어요. 폭이 넓은 짙은 갈색 가로띠가 세 줄 있지요. 흰색 테두리가 꼬리지느러미 뒤쪽 가장자리를 둘러쌌어요.

이름은 가로띠에 빗대어 붙였지요.

수심 50~70미터 연안의 바위가 많은 곳에서 지내며 동물플랑크톤과 작은 물고기를 먹어요.

우리나라 동해안과 남해안, 일본 바다에 살고, 몸길이는 약 40센티미터까지 자라지요.

해녀바위 근처에서 헤엄쳐 다니는 어린 개체를 사진에 담았어요. 바닷속에서는 어떤 종인지 정확히 알 수 없었지만, 나중에 사진과 도감을 비교해서 어린 개체인 것을 확인했지요.

누루시볼락 양볼락과

학명: *Sebastes vulpes* Döderlein
영어 이름: Fox jacopever

몸은 연한 회색에 좀 더 진한 회색 가로띠가 있어요. 생김새는 조피볼락과 비슷하지만 몸높이가 더 높지요. 꼬리지느러미 가장자리 테두리가 푸른빛을 띠며, 띠가 띠볼락보다 좁고 뚜렷하지 않아요.

제주도에서 '누루시'라고 부른 이름에서 비롯되었다고 해요.

수심 20~100미터 연안의 바위가 많은 곳에서 지내고, 작은 새우나 게, 작은 물고기를 먹어요.

우리나라 동해안과 남해 동부, 일본 중북부 바다에 살고, 몸길이는 약 40센티미터까지 자라지요.

서도의 큰가제바위 주변 수심이 깊은 곳에서 만났어요. 움직임이 빠르지 않아 사진 찍기가 쉽지만, 독도에 자주 보이지는 않지요.

쏨뱅이 | 양볼락과

학명: *Sebastiscus marmoratus* (Cuvier)
영어 이름: Marbled rockfish

머리 위로 끝이 날카로운 가시들이 돋았어요. 몸에 짙은 갈색의 구름무늬가 흩어져 있지요. 가슴지느러미가 시작되는 곳에 옅은 회색의 둥근 점들이 빽빽해요. 두 눈 사이가 오목하고 눈 앞에 날카로운 가시가 있어요.

이름은 날카로운 지느러미로 쏘는 습성에서 붙였지요. 지느러미에 찔리면 벌에 쏘인 듯 아파요. 영어 이름은 몸 색에 빗대어 '대리석 색깔'을 뜻하지요.

연안의 바위가 많은 펄이나 모랫바닥에서 지내며, 밤에 게와 새우, 작은 물고기를 먹지요. 우리나라 동해안과 남해안(제주도), 일본, 중국 바다에 살고, 몸길이는 약 30센티미터까지 자라요.

먹이 욕심이 많은 이 친구는 아무도 자기 영역에 들어오지 못하게 자주 싸움을 벌여요. 낮에 근처 바위에서 쉬고 있어 대체로 관찰하기가 쉬워요.

위아래 턱에 작고 가느다란 이빨이 줄지어 있어요. 아가미뚜껑 앞에는 굵고 강한 가시가 있지요.

양태 양태과

학명: *Platycephalus indicus* (Linnaeus)
영어 이름: Bartail flathead

몸이 납작하고 배가 평평한 삼각형이에요. 눈은 납작한 머리 위쪽에 있고, 아래턱이 위턱보다 길지요. 머리와 몸 옆으로 짙은 갈색의 작은 점들이 흩어져 있어요. 몸은 아주 작은 비늘로 덮였지요.

지방에서 부르는 이름에서 비롯되었어요. 맛이 담백하고(양태), 파도를 타고 움직이는 것(낭태)을 뜻한다고 해요. 영어 이름은 '막대기 꼬리에 납작머리'라는 뜻이지요.

얕은 바다의 모래와 진흙 바닥에서 지내며, 어릴 때는 강(민물)과 바닷물(짠물)이 섞이는 갯물에서 지내기도 해요. 자라면서 수컷이 되었다가 몸길이가 50센티미터 이상 자라면 암컷으로 바뀌지요.

우리나라 서해안과 남해안, 일본 중부 이남, 타이완, 오스트레일리아, 인도양에 살고, 몸길이는 약 60센티미터까지 자라요.

해녀바위 근처 모랫바닥에서 모래에 몸을 감추고 먹이가 다가오기를 기다리고 있어요. 사실 바닷속에서 몸을 완전히 드러낸 이 친구의 모습은 보기 힘들지요.

© 김광복

해녀바위 바닷속에서 성게 주변을 살피는 용치놀래기 찰칵~~

© 김상준

노래미 | 쥐노래미과

학명: *Hexagrammos agrammus* (Temminck and Schlegel)
영어 이름: Spotty belly greenling

몸이 가늘고 길며 머리가 뾰족해요. 눈 위 가장자리에 깃털 모양의 돌기가 있지요. 등지느러미는 아가미뚜껑 위에서 시작되어 꼬리지느러미 바로 앞까지 길게 이어져요. 몸 색은 주변 환경에 따라 변화가 심하며, 보통 갈색 몸에 진한 구름무늬가 있지요.

이름은 노르스름한 갈색 몸 색에서 비롯되었어요. 영어 이름은 배에 점들이 많은 것을 뜻하지요.

연안의 바위와 바닷말류가 많은 곳에서 지내며, 새우를 비롯한 작은 갑각류, 작은 물고기, 갯지렁이를 주로 먹지요.

우리나라의 모든 연안, 일본 바다에 살고, 몸길이는 약 30센티미터까지 자라요.

독도 연안에서 흔히 볼 수 있는 친구예요.
몸이 쥐노래미보다 작지요.
바위나 바닷말류 사이에서 쉬고 있을 때가 많아요.
천천히 다가가도 이 친구는
움직이지 않아 사진 찍기가 쉽지요.

이 친구도 주변 환경에 따라 몸 색이 변화무쌍해요. 쥐노래미와 달리 옆줄이 하나이지요.

쥐노래미 | 쥐노래미과

학명: *Hexagrammos otakii* Jordan and Starks
영어 이름: Fat greenling

   노래미와 비슷하게 생겼어요. 몸 색이 주변 환경에 따라 변화가 심하지만, 보통 연한 갈색 바탕에 진한 갈색의 구름무늬가 섞였지요. 눈 위 가장자리에 피부가 변한 깃털 모양의 돌기가 있어요. 옆줄이 다섯 줄로 옆줄이 하나인 노래미와 구별되지요. 알 낳을 때(산란기)가 되면 수컷은 암컷의 관심을 끌려고 몸이 황금빛으로 바뀌어요. 이를 혼인색이라고 하지요.

   배가 쥐색을 띠어서 붙인 이름 '서(쥐)어(물고기)'에서 비롯되었다고 해요. '놀래미'라고도 하지요.

   연안의 바위와 바닷말류가 많은 곳에서 생활하며, 새우류와 작은 조개류, 작은 물고기를 먹어요.

   우리나라의 모든 연안, 일본 바다에 살고, 몸길이는 약 65센티미터까지 자라지요.

독립문바위 주변 바닷말류가 자라는 바위나 자갈 바닥에서 볼 수 있어요. 알 낳을 때(산란기)인 11월부터 수컷은 몸이 노란 혼인색을 띠며, 이 시기가 지나면 다시 본래의 몸 색을 띠지요. 바위 사이 바닷말류에 암컷이 알을 낳으면 수컷이 알을 지켜요. 자식 욕심이 많은 수컷은 무려 세 곳의 알을 지키는데, 알을 낳은 시간에 따라 알 색깔이 각각 다르지요.

수컷은 알 낳은 시간이 다른 여러 곳의 알 덩이를 돌보는 것으로 유명해요.

가시망둑 둑중개과

학명: *Pseudoblennius cottoides* (Richardson)
영어 이름: Sunrise sculpin

콧구멍 위에 작은 가시가 있고, 눈 위에 피부가 변한 깃털 모양의 돌기가 있어요. 옆줄 아래로 아령 모양의 은빛을 띤 흰색 무늬 6~7개가 꼬리까지 이어져요.

툭 튀어나온 눈동자로 마치 망을 보고 있는 듯해 '망동어'라는 이름이 바뀌어 '망둑어', '망둑'이 되었고, 콧구멍 위에 가시가 돋아 있어 붙인 이름이지요.

바위가 많은 연안의 바닥과 조수 웅덩이(밀물과 썰물 때 드나드는 바닷물이 고인 웅덩이)에서 지내며, 작은 게나 조개 따위를 먹어요.

우리나라 울릉도와 동해 남부, 제주도, 일본 홋카이도 이남의 바다에 살고, 몸길이는 약 16센티미터까지 자라지요.

전차바위 근처에서 만났어요.
바위 위에서 쉬고 있거나
바닷말류 사이를 천천히 헤엄치는 모습을
쉽게 볼 수 있지요.

옆줄을 따라 오돌토돌한 돌기가 나 있어요.

창치 둑중개과

학명: *Vellitor centropomus* (Richardson)
영어 이름: Spoonbill sculpin

주둥이 끝이 뾰족해요. 등지느러미가 두 개 있으며, 몸에 비해 큰 제1등지느러미는 삼각형이에요. 제2등지느러미는 투명한 막에 줄기가 기다랗지요. 푸른빛을 띤 갈색 몸에 파란색 점들이 마치 줄무늬로 보이기도 해요.

뾰족한 주둥이가 창 모양 같아 붙인 이름이지요. 영어 이름은 '기다란 숟가락'이라는 뜻이에요.

연안의 바닷말류가 무성하고 바위가 많은 곳에서 지내요.

우리나라 동해 남부와 남해안, 일본 중부 바다에 살고, 몸길이는 약 15센티미터까지 자라지요.

해녀바위 주변에 바닷말류인
감태가 무성한 곳에서 만났어요.
감태와 비슷한 몸 색을 띠고
크기가 작아 발견하기가 쉽지 않지만,
움직임이 거의 없어
쉽게 사진을 찍을 수 있지요.

눈 뒤에서 아가미 중간(뺨)을 가로지르는 은빛을 띤 흰색 띠가 한 줄 있어요.

코끼리바위 바닷속 동굴이에요.

© 김상준

농어 농어과

학명: *Lateolabrax japonicus* (Cuvier)
영어 이름: Sea bass

몸이 타원형으로 가늘고 길어요. 주둥이 끝이 뾰족하고, 입이 크지요. 아래턱이 위턱보다 약간 튀어나왔어요. 아가미뚜껑 가장자리에 가시 두 개가 있지요. 등은 잿빛을 띤 푸른색, 배는 은빛으로 반짝이는 흰색이에요.

몸 색이 보는 방향에 따라 검게 보이는 물고기란 뜻에서 붙인 '노어'에서 비롯되었다고 해요.

여름철에 먹이가 풍부한 바닷물과 민물이 섞인 갯물이 있는 하구로 올라와요. 어린 농어(껄떼기)는 동물플랑크톤을 먹고, 다 자라면 새우 같은 갑각류와 작은 물고기를 먹어요. 10월에서 이듬해 3월에 알을 낳고 다시 바다로 돌아가지요.

우리나라의 모든 연안, 일본, 중국, 타이완 바다에 살고, 몸길이는 약 1미터까지 자라요.

> 해녀바위 근처에서 만난 친구예요.
> 농어는 독도에서 만나기가 매우 힘들어요.
> 대부분 빠르게 헤엄쳐 지나가고,
> 한곳에 머무는 모습을
> 독도에서는 볼 수 없거든요.

붉바리 | 바리과

학명: *Epinephelus akaara* (Temminck and Schlegel)
영어 이름: Red spotted grouper

몸 색의 변화가 심해요. 보통 연한 갈색 몸에 붉은색 점들이 고르게 흩어져 있지요. 등지느러미 가운데 부분의 아래쪽으로 커다란 검은색 점이 아주 뚜렷해요.

영어 이름처럼 무리 지어 다니는(grouper) 종이라 해서 많다는 뜻의 '바리'를 붙였다고 해요. 그보다는 제주도에서 젊고 아름다운 여성을 가리키는 '비바리'에서 비롯되었을 거예요. 실제로 우리나라 전체 물고기 가운데 가장 아름다운 물고기들이 바리과에 포함되어 있거든요.

연안의 바위가 많은 곳에서 지내고, 이 친구를 비롯해 자바리, 도도바리는 바위틈에서 혼자 살아가요.

우리나라 제주도를 비롯한 남해안, 일본 아오모리 이남, 중국, 타이완 바다에 살고, 몸길이는 약 40센티미터까지 자라지요.

혹돔굴 근처에서 주로 만날 수 있어요.
주변 바위틈에서 움직이지 않아
쉽게 발견할 수 없어요.

주둥이가 크고 입술이 두툼한 이 친구는 주로 밤에 움직이면서 새우, 게, 작은 물고기들을 사냥해요.

도도바리 바리과

학명: *Epinephelus awoara* (Temminck and Schlegel)
영어 이름: Yellow grouper

연한 잿빛을 띤 갈색 몸에 머리에서 꼬리자루에 이르기까지 짙은 갈색 가로띠가 다섯 줄 있어요. 몸 전체에 작은 노란색 점들이 흩어져 있지요. 등지느러미와 꼬리지느러미 가장자리에 노란색 테두리가 뚜렷해요.

이름은 지역에서 부르던 이름 그대로 따왔지요. 영어 이름은 노란색 테두리의 특징에서 따왔어요.

연안의 얕은 곳에 바위가 많은 모래와 펄에서 지내요.

우리나라 제주도를 비롯한 남해안, 일본 중부 이남, 남중국해에 살고, 몸길이는 약 40센티미터까지 자라지요.

혹돔굴 절벽 바위틈에서 만났어요.
바위 사이를 헤엄쳐 다니다가
가끔씩 바위틈에서 쉬기도 하지요.

자바리 | 바리과

학명: *Epinephelus bruneus* Bloch
영어 이름: Longtooth grouper

몸은 자줏빛을 띤 갈색이에요. 머리에서 꼬리자루까지 검은빛을 띤 갈색 가로띠 여섯 줄이 약간 비스듬히 있지요. 다 자란 개체는 이 무늬가 뚜렷하지 않아요.

이름은 자줏빛을 띠어 붙였다고 해요. 이 친구를 제주도에서는 '다금바리'라고도 하는데, 다금바리는 등지느러미가 톱날처럼 생긴 물고기이지요.

연안의 바위가 많은 곳에서 지내요.

우리나라 남해안, 일본 남부, 중국, 필리핀 바다에 살고, 몸길이는 약 80센티미터까지 자라지요.

해녀바위 근처 수심 25미터의 커다란 바위 밑에서 단 한 차례 만났어요. 가까이 가면 재빨리 도망치기 때문에 거리를 두고 뒤따라가면서 사진을 찍었지요.

구실우럭 바리과

학명: *Epinephelus chlorostigma* (Valenciennes)
영어 이름: Brown-spotted grouper

잿빛을 띤 갈색 몸과 지느러미에 눈동자보다 약간 작은 여러 모양의 노란빛을 띤 갈색 점들이 그물코처럼 얽혀 있어요. 나이가 들수록 지느러미 끝이 붉은빛을 띤 갈색으로 변하지요.

구실은 '구슬'의 방언(사투리)으로, 몸에 빼곡한 무늬가 마치 구슬처럼 보여 붙인 이름이라고 해요.

연안의 바위가 많은 곳에서 지내요.

우리나라 제주도를 비롯한 남해안, 일본 남부, 인도양과 태평양의 열대 바다, 홍해에 살고, 몸길이는 약 60센티미터까지 자라지요.

혹돔굴 입구 절벽 틈에 기대어 있는 모습을 사진에 담았어요. 활발하게 헤엄치지 않고, 산책하듯 바다에서 천천히 움직이지요. 몸에 짜맞춘 듯한 여러 모양의 무늬가 마치 작은 구슬들로 장식한 것처럼 아름다워요.

능성어 바리과

학명: *Epinephelus septemfasciatus* (Thunberg)
영어 이름: Seven-banded grouper

주둥이가 크고, 아래턱이 위턱보다 튀어나왔어요. 몸에 진한 갈색 가로띠가 일곱 줄 있고, 등지느러미 위까지 이어져요. 이 띠는 자라면서 점점 희미해지지요. 늙으면 완전히 사라지고 몸 전체가 자줏빛을 띤 갈색으로 바뀌어요. 아가미뚜껑에 굵고 뾰족한 가시가 있지요.

몸의 줄무늬 수에 빗대어 부산에서는 '일곱돈바리'라고도 해요. 전라도와 남해안 지역에서 부르던 이름을 그대로 따왔지요.

연안과 깊은 바다에 바위가 많은 곳에서 지내요.

우리나라 제주도를 비롯한 남해안, 일본 홋카이도 이남, 남중국해, 인도양에 살고, 몸길이는 약 90센티미터까지 자라지요.

큰가제바위 근처에서 8~10월에 주로 큰 개체를 만날 수 있어요. 경계심이 강해서 가까이 다가가면 도망치기 때문에 거리를 두고 사진을 찍어야 하지요. 그래서 지느러미를 활짝 펼친 이 친구의 멋진 모습을 사진에 담기가 힘들어요.

세줄얼게비늘 동갈돔과

학명: *Apogon doederleini* Jordan and Snyder
영어 이름: Fourstripe cardinalfish

연분홍색 몸에 굵고 짙은 갈색 세로 줄무늬가 세 줄 있지요. 등과 배에도 가느다란 세로 줄무늬가 하나씩 있어요.

이름은 몸 가운데 뚜렷한 세 줄의 줄무늬에서 따왔지요. 영어 이름은 '네 줄'이라는 뜻이에요. 얼게비늘은 빗 모양(빗비늘)에 빗대어 '얼레빗(빗살이 굵고 성긴 빗)'의 방언인 '얼게'에서 따왔다고 해요.

연안의 바위가 많은 곳에서 지내며, 낮에는 바위틈에 숨어 있다가 밤이 되면 활동하지요.

우리나라 제주도를 비롯한 남해안, 일본 중부 이남, 타이완, 필리핀 바다에 살고, 몸길이는 약 12센티미터까지 자라요.

제주도에서는 자주 만나지만, 독도에는
어린 개체들이 많아서 자세히 살펴봐야 해요.
암컷이 알을 낳으면 수컷은 수정한 뒤
알 덩이를 입안에 넣고 알을 보호해요.
입안에 알 덩이를 머금고 다니는 7~8일 동안
수컷은 먹이도 먹지 않고,
입을 크게 벌려 산소를 빨아들이면서
알들 사이로 산소를 공급하지요.

수컷은 알들이 깨어날 때까지 입안에 머금고서 보살펴요. 이때는 아무것도 먹지 않지요.

줄동갈돔 동갈돔과

학명: *Apogon endekataenia* Bleeker
영어 이름: Seven-banded cardinalfish

연분홍색 몸에 짙은 갈색 세로띠가 일곱 줄 있고, 꼬리지느러미 앞에 눈동자 크기의 검은색 점이 하나 있어요. 동갈돔과 물고기 가운데 줄무늬가 많아서 붙인 이름이지요. '동갈'은 짧막하게 잘라진 부분을 뜻하는 '동강이(동강)'의 방언이고, 돔은 붉은색을 띠고 비늘이 둥글고 큰 '도미'를 뜻해요.

연안의 바위가 많고 얕은 곳에 살면서 주로 밤에 활동하지요. 이 친구도 수컷이 수정된 알 덩이를 입안에 머금고 알들이 깨어날 때까지 돌보아요.

우리나라 제주도, 일본 중부 이남, 타이완, 서태평양에 살고, 몸길이는 약 11센티미터까지 자라지요.

> 해녀바위 근처 작은 바위가 있는 곳에서 많이 만날 수 있어요.
> 무리 지어 다니기도 하고, 한두 마리가 떨어져서 다니기도 하지요.
> 느리게 헤엄치기 때문에 가까이 다가가 사진 찍을 수 있어요.

머리 위와 꼬리자루에 검은색 점이 뚜렷해요.

점동갈돔 동갈돔과

학명: *Apogon notatus* (Houttuyn)
영어 이름: Black-spotted cardinalfish

아래턱 끝이 검고, 주둥이 끝에서 눈을 지나 아가미뚜껑 바로 앞까지 검은색 띠가 이어져요. 몸에 줄무늬가 없지요.

머리 위와 꼬리자루에 검은색 점이 한 쌍 있어 붙인 이름이에요.

수심 5~10미터의 연안에서 무리 지어 생활해요. 7월에 알을 낳고, 암컷이 알을 낳는 순간 수컷이 암컷 뒤로 가서 입속으로 알 덩이를 빨아들여 알들이 깨어날 때까지 돌보아요.

우리나라 제주도, 일본 중부 이남, 타이완, 필리핀 바다에 살고, 몸길이는 약 10센티미터까지 자라요.

> 해녀바위 근처에서 만났어요.
> 바닷말류 사이에 머물고 있어
> 자세히 살펴보아야 만날 수 있지요.
> 제주도에서처럼 여러 마리가
> 무리 지어 다니는 모습은 보이지 않았어요.

줄도화돔 동갈돔과

학명: *Apogon semilineatus* Temminck & Schlegel
영어 이름: Half-lined cardinal

몸은 복숭아꽃처럼 연분홍색이에요. 주둥이 끝에서 눈을 지나 아가미뚜껑까지 검은색 세로 줄무늬가 있어요. 그 위 머리 쪽으로 조금 더 가느다란 세로 줄무늬가 제2등지느러미까지 이어져요. 꼬리자루에도 검은색 점이 있지요.

이름은 몸 색이 복숭아꽃(도화) 색이고 줄무늬가 있어 붙였지요. 영어 이름은 줄들이 반쯤 이어진 생김새에 빗대어 붙였네요.

수심 3~100미터에 이르는 연안의 바위가 많은 곳에서 무리 지어 지내요. 동갈돔과의 여느 물고기와 마찬가지로, 수컷이 알 덩이를 입안에 품고 돌보아요.

우리나라 제주도를 비롯한 남해안, 일본 중부 이남, 타이완, 필리핀 바다에 살고, 몸길이는 약 12센티미터까지 자라지요.

여름철에 이 친구들이 무리 지어 나타났어요.
마치 동굴 속으로
우르르 빨려 들어오는 것 같아요.

ⓒ 박정권

민둥갈돔 동갈돔과

학명: *Gymnapogon japonicus* Regan
영어 이름: Naked cardinalfish

몸 모양이 망둑어과 물고기와 비슷하고, 비늘이 없어요. 몸과 지느러미가 투명하고 꼬리지느러미 끝에 아주 작은 검은색 점들이 있지요.

이름에 비늘이 없다는 뜻에서 '민(~이 없음을 뜻함)' 자를 붙였어요. 영어 이름도 아무것도 걸치지 않은, 곧 비늘이 없다는 뜻이지요.

우리나라 독도, 일본 중부 이남, 필리핀 바다에 살고, 몸 길이는 약 6센티미터까지 자라요.

> 혹돔굴 입구와 그 안쪽에 아주 적은 개체가 살고 있어요. 난생처음 보는 물고기였지요. 몸이 투명해서 '투명고기'라고 했어요. 연구실로 돌아와서 사진을 자세히 살펴본 후에야 민둥갈돔인 것을 알았지요.

거울돔 동갈돔과

학명: *Rhabdamia gracilis* (Bleeker)
영어 이름: Luminous cardinalfish

몸 모양이 동갈돔과의 여느 물고기와 비슷하지만, 몸 색이 반투명한 갈색을 띠고 주둥이 앞부분이 검은빛을 띠고 있어 구별되어요.

몸속이 거울처럼 훤히 비친다고 해서 붙인 이름이지요. 영어 이름은 '빛을 내는, 환한'이라는 뜻이에요.

연안의 바위와 산호초가 많은 곳에서 주로 지내요.

우리나라 제주도와 독도, 일본 남부, 인도양, 서태평양에 살고, 몸길이는 약 5센티미터까지 자라지요.

혹돔굴 주변에서 어렵게 만났어요.
밤에 사진을 찍었지요.
몸이 아주 작고 투명한 것이 특징이에요.

전갱이 | 전갱이과

학명: *Trachurus japonicus* (Temminck and Schlegel)
영어 이름: Horse mackerel

아가미 뒤에서 시작된 옆줄이 가슴지느러미 끝에서 아래로 휘어져 내려와 꼬리지느러미까지 이어져요. 그 옆줄을 따라 날카로운 비늘(모비늘)이 있어요. 등은 진한 푸른색이거나 노란빛을 띤 갈색, 배는 은빛을 띤 흰색이지요. 아가미뚜껑 위에 점이 있어요.

지방에 따라 전갱이, 매가리, 매생이, 각재기 따위로 불리다가 가장 많은 지역에서 불리던 '전갱이'라고 이름 붙였어요.

연안에서 무리 지어 생활하며, 어릴 때는 동물플랑크톤을 먹고, 자라면서 새우류와 작은 물고기를 먹어요. 우리나라의 모든 연안, 전 세계의 온대 바다에 살고, 몸길이는 약 40센티미터까지 자라지요.

동도 선착장 안쪽과 해녀바위 옆 동굴에서 수백~수천 마리가 무리 지어 먹이 활동을 하고 있어요. 독도 어느 연안에서든 만날 수 있지요. 방어가 공격할 때면 질서정연하게 움직여 둥글게 공 모양으로 무리를 이루지요. 되도록 크게 보이게 하여 공격을 피하려는 힘이 약한 물고기의 본능적인 행동이에요.

방어가 공격할 때면 질서정연하게 움직여 둥글게 공 모양으로 무리를 이루지요.

노랑점무늬유전갱이 | 전갱이과

학명: *Carangoides orthogrammus* (Jordan and Gilbert)
영어 이름: Yellow-spotted crevalle

 등은 은빛이거나 초록빛을 띤 푸른색이고, 배는 은빛을 띤 흰색이에요. 제1등지느러미는 작고, 제2등지느러미와 뒷지느러미는 낫 모양이지요. 지느러미가 모두 푸른색이에요. 꼬리자루 옆줄 위로 날카로운 비늘(모비늘)이 19~31개 있지요.

 몸 가운데에 노란색 점무늬들이 흩어져 있어 붙인 이름이에요.

 어릴 때는 연안의 얕은 곳에서 지내다가 다 자라면 150미터의 깊은 바다에서 생활해요.

 우리나라 울릉도와 제주도, 일본 남부, 인도양, 태평양에 살고, 몸길이는 약 80센티미터까지 자라지요.

> 해녀바위 근처에서 여름철에 주로 만날 수 있어요.
> 여러 마리가 모여
> 작은 멸치나 전갱이를 사냥하지요.
> 이때 전갱이 무리를
> 흩어지게 해서 공격해요.

잿방어 전갱이과

학명: *Seriola dumerili* (Risso)
영어 이름: Great amberjack

방어보다 통통하고 몸높이(체고)가 약간 높아요. 몸 옆으로 노란색 세로 줄무늬가 주둥이에서 꼬리지느러미 앞까지 이어졌어요. 어릴 때는 머리 위에서 눈 앞까지 폭이 넓은 검은색 줄무늬가 있지요. 꼬리지느러미 아래 줄기 끝이 흰색이라 방어와 구별할 수 있어요.

몸 색이 잿빛을 띤 푸른색이라 붙인 이름이에요.

수심 20~70미터 연안에서 혼자 살거나 무리를 이루어 생활하고, 작은 물고기와 새우류를 먹지요.

우리나라 동해안과 제주도를 비롯한 남해안과, 동부 태평양을 제외한 온대와 열대 바다에 살고, 몸길이는 약 1.9미터까지 자라요.

서도의 큰가제바위와 코끼리바위에서 남쪽으로 전갱이를 사냥하는 모습이 자주 보여요. 사진을 찍을 때에는 방어와 구별하기가 쉽지 않아 연구실로 돌아와서 사진을 자세히 살펴보아야 해요.

방어 전갱이과

학명: *Seriola quinqueradiata* Temminck and Schlegel
영어 이름: Yellowtail, Japanese amberjack

　몸은 가운데가 불룩하고 양쪽 끝이 뾰족한 방추(물레에서 실을 감는 가락) 모양이에요. 주둥이 끝에서 시작되어 눈을 지나 꼬리지느러미 앞까지 이어지는 노란색 세로 줄무늬가 있지요. 등지느러미와 뒷지느러미는 연한 녹색, 꼬리지느러미는 노란색을 띠어요.
　방추를 닮아 붙인 이름이라고 해요.
　가을과 겨울에 남쪽 제주 바다로 내려가고, 봄과 여름에 북쪽 동해안으로 올라오지요. 요즘은 기후 변화에 따라 바닷물의 온도가 높아져 서해안에서도 볼 수 있어요. 정어리, 멸치, 오징어, 고등어, 전갱이 따위를 먹지요.
　우리나라 동해안과 제주도를 비롯한 남해안, 서해 남부, 북태평양의 서부 바다에 살고, 몸길이는 약 1.2미터까지 자라요.

큰가제바위 근처에서 만났어요.
방어는 독도 연안 어느 곳에서든 쉽게 볼 수 있지요.
동도 선착장 안쪽의 낮은 수심까지 들어와
무리 지어 전갱이를 사냥해요.

ⓒ 박정권

방어들이 무리 지어 독도 바다에서 전갱이를 사냥해요.

참치방어 전갱이과

학명: *Elagatis bipinnulata* (Quoi and Gaimard)
영어 이름: Rainbow runner

등은 푸른빛을 띤 녹색, 배는 노란빛이 도는 흰색이에요. 푸른빛을 띤 세로줄 사이로 주둥이에서 꼬리지느러미까지 폭이 넓은 노란색 띠와 그 아래로 연한 노란색 띠가 있어요. 폭이 넓은 노란색 띠는 죽으면 사라져요.

생김새가 참치(다랑어)와 비슷해서 붙인 이름이에요.

연안과 근해(육지와 가까운 바다)의 표층에서 무리 지어 생활해요.

우리나라 제주도를 비롯한 남해안, 전 세계의 온대와 열대 바다에 살고, 몸길이는 약 1미터까지 자라지요.

해녀바위, 큰가제바위, 독립문바위 근처에서 만났어요. 여름에 많은 개체가 무리를 이루면서 멸치나 전갱이를 사냥하는 모습이 자주 눈에 띄지요.

ⓒ 박정권

까치돔 갈돔과

학명: *Gymnocranius griseus* (Temminck and Schlegel)
영어 이름: Grey large-eye bream

등이 높은 타원형이며, 양턱(위턱과 아래턱) 앞쪽으로 뾰족한 이빨이 2~4개 있어요. 몸은 은빛을 띤 회색이에요. 어릴 때는 눈을 가로지르는 짙은 갈색 가로 줄무늬와 몸에 옅은 갈색 가로띠가 여러 줄 있지요. 자라면서 이 줄들은 점점 희미해져요.

몸 무늬가 까치와 비슷하다고 해서 붙인 이름이지요. '돔'은 '도미'의 줄임말이에요. 도미 종류는 대체로 날카로운 가시지느러미가 있고 등이 높지요.

수심 15~80미터의 모래나 펄 바닥에 지내면서 갯지렁이, 조개류, 작은 새우류 따위를 먹어요.

우리나라 제주도, 일본 남부, 중국해, 인도양, 서태평양에 살고, 몸길이는 약 45센티미터까지 자라지요.

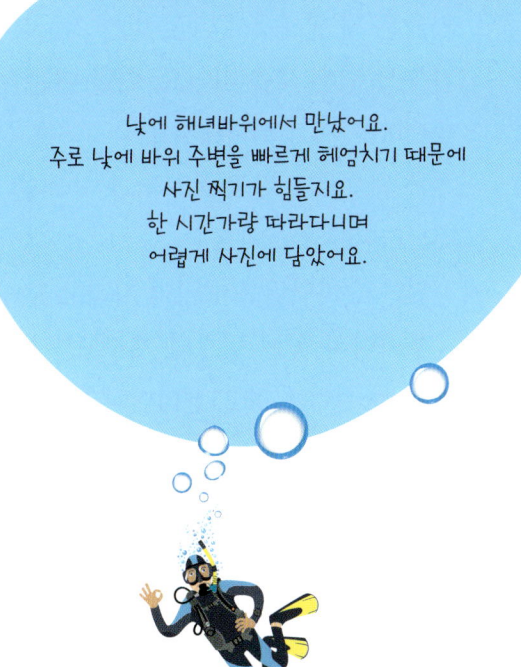

낮에 해녀바위에서 만났어요.
주로 낮에 바위 주변을 빠르게 헤엄치기 때문에 사진 찍기가 힘들지요.
한 시간가량 따라다니며 어렵게 사진에 담았어요.

줄갈돔 갈돔과

학명: *Lethrinus genivittatus* Valenciennes
영어 이름: Threadfin emperor

등지느러미의 두 번째 줄기가 특히 길어 갈돔과의 여느 물고기들과 구별되어요. 그 물고기들은 세 번째에서 다섯 번째 지느러미 줄기가 가장 길거든요. 몸은 갈색을 띠고 배 쪽으로 갈수록 옅은 색을 띠어요. 어릴 때는 머리와 몸 옆의 노란색 줄무늬가 뚜렷하지만 자라면서 폭이 좁아지고 희미해져요.

몸 옆으로 노란색 줄무늬가 여러 줄 있어 붙인 이름이에요. 영어 이름은 실처럼 길게 뻗은 지느러미를 뜻하지요.

연안의 바닷말류가 많이 자라고 모래와 바위가 있는 얕은 곳에서 지내요.

우리나라 동해 남부와 제주도를 비롯한 남해안, 일본 남부, 오스트레일리아, 서태평양에 살고, 몸길이는 약 25센티미터까지 자라지요.

해녀바위 근처에서 만났어요.
어린 물고기를 처음 보았을 때 어미와 몸 색이 달라서
우리나라에 기록되지 않은 종(미기록종)이라고 생각했지요.
연구실로 돌아와 도감을 살펴보니
어린 줄갈돔이었어요.

머리와 몸 옆으로 노란색 세로 줄무늬가 뚜렷한 어린 줄갈돔이에요.

참돔 도미과

학명: *Pagrus major* (Temminck and Schlegel)
영어 이름: Redsea bream

 몸은 분홍빛을 띠며, 눈 위와 몸에 푸른빛의 점들이 흩어져 있어요. 꼬리지느러미 가장자리는 검은색을 띠지요. 어릴 때는 몸 옆에 붉은색 가로띠가 다섯 줄 나타나지만 자라면서 사라져요.
 이름에서 도미는 꼬리가 짧고 갈라지지 않은 것이 마치 머리카락을 뭉텅 잘라서 민둥민둥한 것 같아 붙인 '독미어'에서 비롯되었대요. 한편으로는 날카로운 가시를 뜻한다고 해요. 이름에 '참'을 붙인 것은 돔 가운데 으뜸이라는 뜻이지요. 몸빛이 아름다워 '바다의 여왕'이라고도 해요. 영어 이름도 '진짜 도미' 붉은 돔이라는 뜻이지요.
 어릴 때는 바닷말류가 자라는 바위가 많은 얕은 곳에서 살다가 2~3년 자란 뒤에는 수심 30~200미터의 깊은 곳으로 이동해요. 게, 오징어, 성게, 불가사리 따위를 먹지요.
 우리나라의 모든 연안, 일본 홋카이도 이남, 남중국해, 타이완 바다에 살고, 몸길이는 약 1미터까지 자라요.

해녀바위 근처 수심이 깊은 곳에서 만났어요.
몸길이 50센티미터가 넘는 큰 개체도 보았지요.
계속 헤엄치며 옮겨 다니는 친구들이라
사진 찍기가 쉽지 않아요.

파란색으로 화장한 것 같은 눈 위쪽이 돋보여요. 등에는 푸른색 보석들이 박혀 있는 것처럼 아름다워요.

새눈치 도미과

학명: *Acanthopagrus latus* (Houttuyn)
영어 이름: Yellow fin seabream

몸은 연한 회색이고, 비늘을 따라서 진한 세로줄이 나란히 이어져요. 지느러미는 연한 노란색이에요. 암수 한 몸(자웅동체)이라 어릴 때는 수컷으로, 다 자라면 대체로 암컷으로 바뀌어요.

이름은 눈이 크고 지느러미가 샛노랗다는 뜻, 또 눈이 새의 눈과 비슷하다는 뜻에서 붙였다고도 해요. 영어 이름은 지느러미가 노란색이라는 뜻이지요.

연안의 바위가 많은 곳에서 지내고, 새우와 게를 비롯한 작은 갑각류를 먹어요.

우리나라 동해안과 남해안, 동남아시아, 오스트레일리아, 인도양, 아프리카 동부 바다에 살고, 몸길이는 약 55센티미터까지 자라지요.

해녀바위 근처에서 만났어요.
사진 찍을 때에는 감성돔으로 알았을 정도로
감성돔과 비슷하지요.
가까이 다가가서 보면
지느러미들이 노란빛을 띠어
감성돔과 구별되어요.

배 쪽이 유난히 은빛으로 빛나요.

검은줄촉수 촉수과

학명: *Upeneus tragula* Richardson
영어 이름: Freckled goatfish

몸 아래쪽에 붉은빛을 띤 갈색 점들이 흩어져 있고, 꼬리지느러미에 검은빛을 띤 갈색 줄무늬들이 있어요. 주둥이에서 몸 옆의 가운데를 따라 갈색 세로띠가 한 줄 있지요. 때로는 몸 옆으로 짙은 갈색 가로띠들이 있고, 아래턱에 수염(촉수)이 한 쌍 있어요.

꼬리지느러미에 검은빛을 띤 줄무늬가 있어 붙인 이름이에요. 영어 이름은 '주근깨'라는 뜻이지요.

연안의 모랫바닥에서 지내고, 새우 같은 작은 갑각류를 먹지요.

우리나라 제주도, 독도, 일본 남부 바다에 살고, 20센티미터까지 자라요.

> 동도 선착장 안쪽에서 밤에 만났어요.
> 우리나라에는 제주도와 독도에서만 살아요.
> 촉수과 무리에서 쉽게 볼 수 없는 물고기이지요.
> 헤엄치느라 턱 밑으로
> 수염을 붙이고 있어 보이지 않네요.

노랑촉수 촉수과

학명: *Upeneus japonicus* (Houttuyn)
영어 이름: Yellow fin goatfish

몸은 밝은 붉은색이고, 지느러미가 모두 투명해요. 등지느러미와 꼬리지느러미 위 줄기에 짙은 붉은색 띠들이 있지요. 눈 뒤에서 꼬리자루까지 몸 옆의 가운데를 가로지르는 붉은색 띠도 있어요.

아래턱에 노란색 수염(촉수)이 있어 붙인 이름이에요.

연안의 모랫바닥에서 지내며, 새우 같은 작은 갑각류를 먹어요.

우리나라 서해 남부와 제주도를 비롯한 남해안, 일본, 남중국해, 인도양, 서태평양에 살고, 몸길이는 약 15센티미터까지 자라지요.

여름철 해녀바위 근처 모랫바닥에서 만났어요.
여러 마리가 아래턱의 수염으로
바닥을 더듬으면서 먹이를 찾는 모습이
마치 병아리가 바닥에서
모이를 쪼아 먹는 것 같아요.

수염으로 바닥을 더듬으며 먹이를 찾는 모습이 귀여워요.

금줄촉수 촉수과

학명: *Parupeneus ciliatus* (Lacepède)
영어 이름: Diomond-scaled goatfish, Black saddle goatfish

몸 색이 자주 바뀌어요. 눈 앞에서 등지느러미까지 금빛을 띤 연한 노란색 세로 줄무늬가 두 줄로 이어져요. 꼬리자루에 커다란 검은빛을 띤 갈색 점이 옆줄 아랫부분까지 이어지지만, 이 점이 없는 개체도 있지요. 아래턱에 노란색 수염이 한 쌍 있어요.

이름은 몸에 금빛을 띤 줄무늬와 모래나 펄 바닥을 파헤쳐 먹이를 찾는 수염(촉수)에서 따왔지요.

산호초와 바닷말류가 많은 연안의 얕은 곳에서 지내요.

우리나라 제주도, 일본 남부, 인도양에 살고, 몸길이는 약 40센티미터까지 자라지요.

여름철 해녀바위 근처 모랫바닥에서 만났어요. 아래턱의 수염(촉수)은 바닥에 있는 먹이를 확인하는 먹이 사냥 도구예요. 수염으로 바닥을 파헤치며 먹이를 찾는 모습을 자주 볼 수 있어요.

등 쪽 꼬리자루에 검은색 무늬가 있네요. 이 무늬에 빗대어 영어 이름은 '검은색 안장'이라는 뜻이지요.

두줄촉수 촉수과

학명: *Parupeneus spilurus* (Bleeker)
영어 이름: Japenese goatfish

몸은 주홍색을 띠고, 주둥이에서 몸 옆의 가운데까지 세로 줄무늬가 두 줄로 이어져요. 꼬리자루 위에 검은색 점이 하나 있고, 아래턱에 수염이 한 쌍 있어요. 금줄촉수와 생김새가 비슷하지만, 꼬리자루의 검은색 점의 크기가 작고 옆줄 아래까지 이어지지 않아 구별되어요.

몸에 폭이 넓은 갈색 세로 줄무늬가 두 줄 있어 붙인 이름이지요. 헤엄칠 때는 수염(촉수)을 턱 밑으로 붙이기 때문에 잘 보이지 않아요.

바위가 많은 연안의 얕은 곳에서 지내요.

우리나라 제주도, 일본 남부, 필리핀 바다에 살고, 몸길이는 약 50센티미터까지 자라지요.

여름철 해녀바위 근처 모랫바닥에서
금줄촉수와 함께 만났어요.
금줄촉수처럼 수염으로
바닥을 더듬어서 먹이를 찾고,
헤엄쳐서 다른 곳으로 이동할 때에는
수염을 턱 밑으로 붙이지요.

꼬리자루의 검은색 무늬가 금줄촉수보다 작아서 구별되어요.

벵에돔 황줄깜정이과

학명: *Girella punctata* Gray
영어 이름: Largescale blackfish

　등은 어두운 초록색 또는 검은색이고, 배는 이보다 색이 연해요. 사는 곳에 따라 몸 색이 자주 바뀌어요.

　이름은 몸이 병어(전라도 방언으로 '벵에')처럼 양옆으로 납작하고 도미처럼 생겨서 붙었다고 해요. 몸이 검은색이라 전라남도에서는 '깜정이'라고도 하지요.

　연안의 바위가 있는 곳에서 지내요. 어릴 때는 조수 웅덩이에서 무리 지어 살지요. 주로 작은 무척추동물과 바닷말류를 먹어요.

　우리나라 동해안과 제주도를 비롯한 남해안, 일본 홋카이도 이남, 타이완, 동중국해에 살고, 몸길이는 약 60센티미터까지 자라지요.

독도 연안에서 쉽게 만날 수 있어요.
큰가제바위와 독립문바위 근처에 많아요.
대부분 수십 마리가 바위와 바닷말류 주변을
무리 지어 다니지요.
이따금 바위틈에
한두 마리가 보이기도 해요.

어릴 때는 조수 웅덩이에서 무리 지어 살아요.

긴꼬리벵에돔 황줄깜정이과

학명: *Girella melanichthys* (Richardson)
영어 이름: Small scale blackfish

　등은 초록빛을 띤 갈색이고 배는 은빛을 띤 흰색이에요. 아가미뚜껑의 가장자리와 가슴지느러미가 시작되는 부분에 검은색이 도드라져요. 꼬리자루와 꼬리지느러미가 벵에돔보다 길어요.

　생김새가 비슷한 벵에돔보다 꼬리지느러미와 꼬리자루가 길어서 붙인 이름이에요.

　어릴 때는 만(바다가 육지 쪽으로 들어와 있는 지형) 안쪽에서 주로 지내지만, 자라면서 먼바다로 나아가요. 바닷말류와 갯지렁이, 새우 따위를 먹지요.

　우리나라 제주도를 비롯한 남해안, 일본 남부, 동중국해에 살고, 몸길이는 약 70센티미터까지 자라요.

독도 연안에서 쉽게 볼 수 있어요.
큰 개체는 큰가제바위, 독립문바위 근처에 많지요.
어미와 어린 물고기가 눈에 많이 띄어요.
독도에서 알을 낳고 어린 물고기들이 자라는 듯해요.
이 친구들은 아가미뚜껑 가장자리와
가슴지느러미가 시작되는 부분이 검은색이고,
벵에돔은 검은색을 띠지 않아요.
이것으로 둘을 구별하지요.

긴꼬리벵에돔 어린 물고기와 어미가 함께 먹이 사냥을 해요.

범돔 황줄깜정이과

학명: *Microcanthus strigatus* (Cuvier)
영어 이름: Stripey, Footballer

노란색 몸에 검은색 세로띠가 다섯 줄 있고, 등지느러미에 검은색 점무늬가 있어요. 작은 머리에 비해 눈이 커요. 눈 지름이 주둥이 길이와 비슷하지요.

몸의 무늬가 호랑이(범) 같다고 해서 붙인 이름이에요. 영어 이름은 줄무늬, 축구선수(선수들이 경기할 때 입는 옷에 줄무늬가 많아요)라는 뜻이지요.

연안의 얕은 곳에서부터 수심 100미터에 이르는, 바위가 많은 곳에서 혼자 또는 무리 지어 생활해요.

우리나라 동해와 제주도를 비롯한 남해안, 서해 남부, 일본 중부 이남, 하와이, 타이완, 오스트레일리아 바다에 살고, 몸길이는 약 20센티미터까지 자라지요.

동도 선착장과 해녀바위 근처의
수심이 낮은 곳에서 만났어요.
밤에는 거의 움직이지 않아 관찰하기가 쉬워요.
바닷속에서 이 친구들이 무리 지어
질서정연하게 헤엄치고 있어요.
그 모습을 보면 마음이 무척 평안해져요.

잔잔한 바닷속을 무리 지어 헤엄치는 모습이 무척 평화로워 보여요.

세동가리돔 나비고기과

학명: *Chaetodon modestus* Temminck and Schlegel
영어 이름: Brown-banded butterflyfish

몸높이와 몸길이가 거의 비슷한 마름모꼴이에요. 머리는 작고 주둥이가 뾰족해요. 연한 회색 몸에 노란색 가로 줄무늬가 세 줄 있지요. 등지느러미에 눈 지름보다 큰 검은색 점이 있어요.

가로 줄무늬가 세 줄 있어 붙인 이름이에요. '동가리'는 '작은 토막으로 잘라지거나 끊어지는 모양'을 뜻하는 '동강'의 전라남도 방언이지요.

연안의 바위가 많은 곳에서 지내요.

우리나라 제주도를 비롯한 남해안, 일본 남부, 타이완, 필리핀, 하와이 바다에 살고, 몸길이는 약 17센티미터까지 자라요.

> 태풍이 지나간 뒤 해녀바위 근처에서 만났어요.
> 태풍이 불면 바닷속 물고기들도
> 바위틈으로 피해야 해요.
> 한바탕 태풍이 휘몰아치면
> 바닥에 깔린 풍부한 먹잇감이 위로 올라오기도 하지요.
> 그 먹잇감을 사냥하기 위해
> 많은 물고기들이 바삐 움직여요.

어린 개체의 모습이에요.

청줄돔 청줄돔과

학명: *Chaetodontoplus septentrionalis* (Temminck and Schlegel)
영어 이름: Blue-striped angelfish

어린 개체와 다 자란 개체의 몸 색이 달라요. 어린 물고기는 검은색 몸에 머리에서 배까지 이어지는 노란색 가로 줄무늬가 한 줄 있지요. 다 자라면 누런빛을 띤 갈색 몸에 파란색 세로 줄무늬가 8~10줄 있어요.

파란색(청색) 줄무늬가 생긴 다 자란 모습에서 따온 이름이지요.

연안의 바위가 많고 얕은 곳에서 지내요.

우리나라 제주도를 비롯한 남해안, 일본 남부, 타이완, 중국해에 살고, 몸길이는 약 22센티미터까지 자라지요.

어린 개체는 여름철에 자주 보이지만, 다 자란 개체는 큰 태풍이 지나간 뒤 가끔 볼 수 있어요. 어릴 때와 다 자랄 때의 몸 색이 아주 달라 서로 다른 물고기로 생각하기도 해요. 바닷속을 자주 드나드는 전문 다이버들은 어릴 때부터 다 자랄 때까지 서서히 변하는 이 친구들의 모습을 살펴볼 수 있지요.

ⓒ이운철

육동가리돔 황줄돔과

학명: *Evistias acutirostris* (Temminck and Schlegel)
영어 이름: Banded boarhead

몸이 양옆으로 납작하고 배 쪽보다 등 쪽이 솟아 있어 거의 삼각형이에요. 아래턱 밑에 수염이 길게 나 있지요. 연노란색 몸에 폭이 넓은 가로띠가 5~6줄 있어요. 배지느러미는 검은색이고, 나머지 지느러미들은 누런빛을 띤 갈색이지요. 어릴 때의 몸 색은 밝고 옅은 갈색이지만 자라면서 흰색으로 바뀌어요.

여섯 줄의 가로 줄무늬가 몸을 여섯 동강으로 나눈 것 같아 붙인 이름이지요. 영어 이름은 줄무늬를 띤 멧돼지 머리라는 뜻이에요. 주둥이가 뾰족 튀어나와 있거든요.

수심 40~250미터 연안의 바위와 모래가 많은 곳에서 지내요.

우리나라 제주도를 비롯한 남해안, 일본 남부, 하와이, 뉴질랜드 바다에 살고, 몸길이는 약 50센티미터까지 자라지요.

> 전차바위 근처 수심 26미터 즈음에서 만났어요. 계속 헤엄치며 움직여서 멈춰 있는 모습을 사진에 담는 것이 쉽지 않았어요. 주로 3~5마리씩 작은 무리로 다니지요.

독립문바위 바닷속에서 자리돔들 찰칵~~

ⓒ 박정권

돌돔 돌돔과

학명: *Oplegnathus fasciatus* (Temminck and Schlegel)
영어 이름: Rock bream, Striped beak perch

밝은 회색 몸에 검은색 가로띠가 6~7줄 있어요. 다 자라면 검은색 띠가 희미해지고, 온몸이 회색을 띠지요. 주둥이는 검은색으로 바뀌어요.

이름은 연안의 바위가 많은 곳에서 살고 이빨이 돌처럼 단단해서 붙였다고 해요.

어릴 때는 떠다니는 바닷말류 아래에 붙어서 작은 새우와 같은 갑각류를 먹지요. 15센티미터 이상 자라면 소라, 고둥, 조개류와 성게를 비롯한 극피동물(몸에 가시나 뼈처럼 단단한 피부로 둘러싸인 성게 종류, 불가사리 종류, 해삼 종류 따위)을 주로 먹어요.

우리나라의 모든 연안, 일본, 타이완, 하와이 바다에 살고, 몸길이는 약 80센티미터까지 자라지요.

독도 어느 곳에서든 어린 개체부터 다 자란 개체까지 볼 수 있어요. 물속에서 무언가 깨지는 소리가 들려서 돌아보면 돌돔이 새 부리 모양의 이빨로 홍합을 깨먹고 있더라고요. 천천히 다가가도 도망가지 않아 사진 찍기가 쉬워요.

돌돔은 다른 물고기들이 나타나면 부레를 떨어 '구-구-' 경고음을 내어서 쫓아내지요.

강담돔 돌돔과

학명: *Oplegnathus punctatus* (Temminck and Schlegel)
영어 이름: Rock porgy, Spotted parrot fish

연한 갈색 몸에 마치 돌로 담을 쌓은 듯 크고 작은 검은색 무늬들로 덮였어요. 등지느러미, 뒷지느러미, 꼬리지느러미에 작은 검은색 점들이 빼곡하지요. 다 자라면 이 무늬들이 사라지고, 돌돔과 반대로 주둥이가 흰색으로 바뀌어요.

이름은 몸의 검은색 무늬에 빗대어 '돌로 쌓은 담(강담)'이라는 뜻에서 붙였어요.

연안의 바위가 많은 곳에서 지내며, 돌돔과 마찬가지로 어릴 때는 떠다니는 바닷말류 아래에 붙어 살아요. 먹이 습성은 돌돔과 비슷해요.

우리나라 동해 남부와 제주도를 비롯한 남해안, 일본 중부 이남, 남중국해, 괌, 하와이 바다에 살고, 몸길이는 약 90센티미터까지 자라지요.

여름철 독립문바위에서 만났어요.
이곳에서 자주 볼 수 있지요.
돌돔과 같이 지내기도 해요.
바닷속에서 보이는 돌돔보다 그 수가 훨씬 적지요.
많은 개체가 무리 지어 다니는 모습은
거의 볼 수 없어요.

이 친구는 돌돔 무리와 함께 지내기도 해요.

여덟동가리 다동가리과

학명: *Goniistius quadricornis* (Günther)
영어 이름: Black barred morwong

주둥이가 아래로 처져 있고, 입술이 두터워요. 등지느러미는 아가미뚜껑 위에서 시작되어 꼬리자루까지 길게 이어져요. 회색빛을 띤 연한 갈색 몸에 검은색 가로띠가 여덟 줄 있어요.

이 모양에 빗대어 붙인 이름이에요. 영어 이름은 검은색 가로줄을 뜻하지요.

바위가 많은 연안의 얕은 곳에서 지내고, 새우류와 바다 밑바닥에 사는 작은 저서생물을 먹지요.

우리나라 제주도를 비롯한 남해안과 일본 중부 이남의 바다에 살고, 몸길이는 약 40센티미터까지 자라요.

> 큰가제바위 근처에서 만났어요.
> 바위 위에 붙어 있는 바닷말류 사이로
> 작은 먹잇감을 쪼아 먹어요.
> 이때 먹을 수 없는 모래나 찌꺼기들을
> 아가미로 걸러내지요.
> 가까이 다가가면 매우 빠르게 달아나
> 사진 찍기가 까다로워요.

ⓒ 이운철

아홉동가리 다동가리과

학명: *Goniistius zonatus* (Cuvier)
영어 이름: Flag fish

여덟동가리와 비슷하게 주둥이가 아래로 처져 있고, 입술이 두터워요. 회색빛을 띤 푸른색 몸에 주둥이에서 꼬리자루에 이르기까지 누런빛을 띤 갈색 띠가 아홉 줄 있지요. 이 모습에 빗대어 붙인 이름이에요. 지느러미도 누런빛을 띤 갈색이지요.

꼬리지느러미에 둥그런 흰색 점들이 눈송이처럼 흩어져 있어요. 이 꼬리지느러미 무늬로 여덟동가리와 구별해요.

바위가 많은 연안의 얕은 곳에서 지내며, 새우와 조개, 갯지렁이 따위를 먹어요.

우리나라 울릉도와 제주도를 비롯한 남해안, 일본 중부 이남, 타이완 바다에 살고, 몸길이는 약 45센티미터까지 자라지요.

여름철 큰가제바위에서 주로 보이며, 여덟동가리와 마찬가지로 바위 위에 붙어 있는 저서생물을 주둥이로 쪼아 먹는 모습을 볼 수 있지요.

망상어 망상어과

학명: *Ditrema temminckii* Bleeker
영어 이름: Temminck's surfperch, Sea chub

몸은 누런빛을 띤 갈색에 등 쪽이 진하고 배 쪽은 연해요. 사는 곳이나 자라는 때에 따라 몸 색이 다양해요. 눈에서 위턱 뒤쪽까지 검은빛을 띤 갈색 줄이 두 줄 있어요. 어미가 배 속의 알들이 깨어난 뒤에도 영양분을 주면서 5~6개월 동안 새끼들을 키운 뒤에 낳는 '태생어'예요.

마치 새끼를 낳는 상어를 보는 것 같아 붙인 이름이라고 해요. 새끼 낳을 즈음 배가 몹시 부른 모습을 뜻하는 '만삭'에서 비롯되었다고도 하지요. 이 망상어과 무리는 모두 새끼를 낳는 '태생어'예요.

어린 새끼들은 무리 지어 바닷말류가 많은 곳에 지내면서 플랑크톤을 먹어요. 다 자란 뒤에는 플랑크톤과 갯지렁이, 새우와 조개 따위를 먹지요.

모래나 바위가 많은 연안의 얕은 곳에서 살아요. 우리나라 동해안과 남해안, 일본 홋카이도 이남의 바다에 살고, 몸길이는 약 30센티미터까지 자라지요.

독도 바다에 사는 망상어는 11월에 짝짓기를 하고,
이듬해 6월에 모자반 사이에서 새끼를 낳아요.
어미는 새끼를 낳다가 힘이 들어 죽기도 하고,
기절한 상태로 물 위로 떠올라
갈매기들의 먹이가 되기도 하지요.

알이 아닌, 새끼를 낳는 대표적인 물고기예요.

인상어 망상어과

학명: *Neoditrema ransonnetii* Steindachner
영어 이름: Surfperch

몸 모양이 망상어와 비슷한 타원형이지만 몸높이가 낮아요. 등은 누런빛을 띤 갈색이고, 배는 은빛을 띤 흰색이지요. 꼬리지느러미의 위 줄기(상엽)와 아래 줄기(하엽)의 끝이 매우 뾰족해요.

예부터 남해안의 다도해에서 부르던 이름을 그대로 따왔어요.

어미는 한 번에 새끼를 9~20마리 낳아요. 바닷말류와 바위가 많은 연안의 얕은 곳에서 지내요. 어릴 때는 수심 1미터가량의 표층에서 수백 마리가 무리 지어 다니기도 하지요.

우리나라 동해안과 남해안, 일본 홋카이도 이남의 바다에 살고, 몸길이는 약 25센티미터까지 자라지요.

독도 바다에서 11월에 짝짓기를 하고,
이듬해 6월에 바닷말류인
감태와 대황 숲에 새끼들을 낳아요.
새끼를 낳으면서 기운이 다 빠진 어미는
방어와 잿방어의 먹이가 되지요.

어린 인상어들이 무리 지어 다녀요. 망상어보다 몸높이가 낮고 길어요.

자리돔 자리돔과

학명: *Chromis notata* (Temminck and Schlegel)
영어 이름: White saddled reeffish

연한 갈색, 황토색, 검은빛을 띤 갈색으로 몸 색이 사는 곳에 따라 달라요. 가슴지느러미가 시작되는 곳에 검은빛을 띤 푸른색 점이 있지요. 꼬리자루 위쪽의 흰색 점무늬는 물속에서는 뚜렷하지만 물 밖으로 나오면 곧 사라져요.

한자리에 머물러 산다고 붙인 이름이라고 해요. 사실 이 친구들은 무리 지어 이곳저곳을 옮겨 다녀요. 작다는 뜻의 제주도 방언 '자리'에서 비롯되었다고도 해요. 영어 이름은 '흰색 안장'이라는 뜻으로 꼬리자루 위의 흰색 점에 빗대었어요.

암컷이 바위 벽에 알을 낳으면 수컷은 알들이 깨어날 때까지 돌보지요. 수심 20~30미터의 산호초나 바위가 많은 곳에서 무리 지어 생활하고, 동물플랑크톤을 먹어요.

우리나라 동해안과 제주도를 비롯한 남해안, 일본 중부 이남, 동중국해에 살고, 몸길이는 약 14센티미터까지 자라지요.

독도 주변 어느 곳에서든 보여요.
여름철에 알을 낳는 모습도 자주 볼 수 있지요.
수컷이 바위를 지느러미와 주둥이로
깨끗이 청소한 뒤 암컷을 맞이해요.
만약 지저분하면
암컷이 뿌리치거든요.

알 낳을 때가 되면 수컷의 몸이 붉은빛이 도는 노란색을 띠어요.
암컷을 맞이하기 위해 지느러미로 바위를 청소하고 있어요.

노랑자리돔 자리돔과

학명: *Chromis analis* (Cuvier)
영어 이름: Yellow belly reeffish, Yellow chromis

몸과 지느러미는 노란색을 띠고, 꼬리지느러미에 연한 분홍색이 나타나기도 해요. 어릴 때는 밝은 노란색을 띠다가 자라면서 등 쪽이 누런빛을 띤 갈색으로 짙어지지요. 커다란 눈이 주둥이 길이의 1.5배가 넘어요.

이름은 노란색 몸 색에서 따왔지요.

자리돔과 마찬가지로 암컷이 바위 벽에 알을 낳으면 수컷이 돌봐요. 수심 20~30미터의 바위와 산호초가 많은 바닥에서 동물플랑크톤을 먹지요. 주로 혼자 지내요.

우리나라 제주도, 일본 남부, 서태평양에 살고, 몸길이는 약 17센티미터까지 자라지요.

해녀바위 근처의 동도 절벽 틈에서 만났어요.
작지만 노란색이라서 쉽게 보이지요.
무리 지어 다니는 자리돔과는 다르게
혼자 지내요.

온몸이 밝은 노란색을 띠는 것을 보니 아직 어린 개체이네요.

연무자리돔 자리돔과

학명: *Chromis fumea* (Tanaka)
영어 이름: Smoky damselfish

생김새가 자리돔과 비슷해서 예전에는 같은 종이라고 여겼어요. 등지느러미와 뒷지느러미, 꼬리지느러미 위아래 줄기가 검은빛을 띤 푸른색이라 구별되지요.

이름에서 '연무'는 연기와 안개를 뜻하는 영어 이름에서 따왔어요.

수심 10~20미터 연안의 산호초나 바닷말류가 많은 곳에서 지내요. 우리나라 제주도, 일본 남부, 동남아시아, 오스트레일리아 서부 바다에 살고, 몸길이는 약 12센티미터까지 자라지요.

> 동도의 천장굴 바닷속에서 만났어요.
> 독도에서 이 친구들을 만나기가 쉽지 않아요.
> 어쩌다 한두 마리 보이거든요.
> 이 친구들은 독특하게
> 암컷과 수컷이 입을 맞춘 다음
> 암컷이 알을 낳아요.

해포리고기 자리돔과

학명: *Abudefduf vaigiensis* (Quoy and Gaimard)
영어 이름: Five-banded damselfish

몸은 회색빛을 띤 푸른색이며, 등 쪽은 옅은 노란색을 띠지요. 몸에 검은빛을 띤 푸른색 가로띠가 다섯 줄 있어요. 꼬리지느러미의 위 줄기와 아래 줄기 끝이 뾰족해요.

모자반 같은 바닷말류 사이를 헤엄치면서 먹이를 먹는 모습에서 붙인 이름이라고 해요. 남해안(경상남도, 전라남도)에서는 해파리를 가리키는 방언이고, 경상남도 통영에서 부르던 이름이라고도 하지요.

수심 12미터 미만의 산호초 지역과 바위가 많은 연안에서 생활하고, 바위 벽에 암컷이 알을 낳으면 수컷이 알을 지키지요.

우리나라 동해 남부와 제주도를 비롯한 남해안, 일본 중부 이남, 인도양, 태평양에 살고, 몸길이는 약 15센티미터까지 자라요.

> 여름철 서도의 삼형제굴과 코끼리바위 근처에서 많이 보여요. 동도의 해녀바위 근처에서도 만날 수 있지요. 이름을 모르는 다이버들은 그냥 '열대어'라고 불러요.

파랑돔 자리돔과

학명: *Pomacentrus coelestis* Jordan and Starks
영어 이름: Heavenly damselfish

몸은 파란색을 띠고, 뒷지느러미와 꼬리지느러미는 노란색을 띠어요. 주둥이가 매우 짧아 눈 지름의 약 2분의 1 가량이지요.

이름은 파란색 몸 색에서 따왔어요. 영어 이름도 '하늘, 천상'을 뜻하지요.

수심 20미터 연안의 바위와 산호초 주변에서 무리 지어 생활해요. 원래 열대 바다에서 살았지만 온대 바다에도 적응했지요. 동물플랑크톤을 주로 먹어요.

우리나라 울릉도와 제주도, 일본 중부 이남, 서태평양에 살고, 몸길이는 약 8센티미터까지 자라지요.

여름철 태풍이 지난 뒤 해녀바위 근처에서 수십 마리가 무리 지어 다니는 모습을 볼 수 있어요. 11월 초쯤이면 독도에서 자취를 감추지만, 울릉도에서는 겨울철에도 만날 수 있지요.

어린 개체일수록 등지느러미 뒷부분, 꼬리자루와 몸 옆, 그리고 아랫부분이 진한 노란색이에요.

샬자리돔 자리돔과

학명: *Stegastes altus* (Okada and Ikeda)
영어 이름: Japanese gregory

몸이 검은빛을 띤 갈색 또는 누런빛을 띤 갈색이에요. 입술은 푸른빛을 띤 회색이고, 그 위쪽 주둥이 끝은 푸른색을 띠지요. 비늘마다 옅은 갈색의 테두리가 있어 마치 가로 줄무늬처럼 보여요. 어릴 때 등 쪽은 노란색, 배 쪽은 파란색을 띠지요. 등지느러미에 파란색 테두리로 둘러싸인 커다란 검은색 점이 있어요.

1994년 어류학자이자 수중 촬영가인 명정구 박사가 제주도 서귀포(문섬)에서 처음 채집하면서 자리돔과 무리 가운데 가장 통통하게 살이 찐 모습에 빗대어 이름을 붙였지요.

바위와 산호초가 많은 수심 5~20미터에서 지내요. 자리돔처럼 수컷이 알을 돌보아요.

우리나라 제주도, 일본 남부, 타이완 바다에 살고, 몸길이는 약 18센티미터까지 자라지요.

> 독도에서 다 자란 개체는 아직 보이지 않지만, 어린 개체는 간혹 만날 수 있어요. 이곳에서 어미가 알을 낳는 것이 아니라, 따뜻한 바닷물을 타고 올라온 어린 개체들이 잠시 머무는 것이라 생각해요.

해녀바위 바닷속에서 돌돔들 찰칵~~

© 김상준

놀래기 | 놀래기과

학명: *Halichoeres tenuispinis* (Günther)
영어 이름: Motley stripe rainbowfish

어릴 때는 모두 암컷으로, 몸은 붉은색을 띠고 등지느러미와 꼬리자루에 검은색 점이 있어요. 몸길이 7~9센티미터가 되면 몇몇이 수컷으로 변하지요. 수컷은 머리와 눈을 중심으로 푸른빛을 띤 녹색 줄무늬가 두 줄, 등지느러미 앞부분에 검은색 무늬가 있어요. 꼬리지느러미는 위아래 가장자리를 빼고 검은색이에요. 암컷은 꼬리지느러미에 연한 녹색 가로 줄무늬가 있지요. 놀래기과 물고기들은 암컷이 수컷으로 바뀌며(성 전환), 모래 속에서 겨울잠을 자요.

이름은 경상남도 방언으로, 무언가 깜짝 놀라면 재빨리 바닥으로 몸을 숨기는 습성에서 비롯되었다고 해요.

바닷말류와 바위가 많은 곳에서 지내지요. 우리나라 제주도를 비롯한 남해안과 울릉도, 일본 남부, 중국, 필리핀 바다에 살고, 몸길이는 약 20센티미터까지 자라요.

> 큰가제바위 근처에서 만났어요.
> 바위 주변에서 무리 지어
> 성게를 먹는 모습을 자주 볼 수 있지요.
> 어린 개체와 다 자란 개체는 몸 색이 달라서
> 다이버들은 서로 다른 물고기로 생각하기도 해요.

몸이 붉은색에 등지느러미와 꼬리자루에 검은색 점이 있는 어린 개체예요(위).
꼬리지느러미에 연한 녹색 가로 줄무늬가 있는 암컷이지요(아래).
놀래기 소개글과 함께 있는 개체는 수컷이에요.

용치놀래기 놀래기과

학명: *Halichoeres poecilepterus* (Temminck and Schlegel)
영어 이름: Multicolorfin rainbowfish

어린 개체는 모두 주황색을 띠지만, 15센티미터 이상 자라면 암컷과 수컷의 몸 색이 달라요. 수컷의 등은 푸른빛을 띤 녹색, 배는 누런빛을 띤 녹색이지요. 몸 가운데 비늘마다 누런빛을 띤 녹색 점들이 있어 세로띠처럼 보이지만, 암컷처럼 뚜렷하지 않아요. 가슴지느러미 뒤에도 커다란 검은색 점이 있지요.

암컷은 연한 주황색 몸에 주둥이 끝에서 꼬리자루까지 검은빛을 띤 갈색 세로띠 하나가 뚜렷해요. 그 세로띠에서 등 쪽으로 세 줄, 배 쪽으로 네 줄의 붉은빛을 띤 갈색 점들이 줄지어 있지요.

이름은 송곳니처럼 생긴 앞니가 용의 이빨(용치)처럼 날카롭고 뾰족해서 붙였어요.

놀래기과의 물고기들은 수컷 한 마리가 암컷 여러 마리와 함께 새끼들을 낳으며 살아가요. 수컷이 죽거나 사라지면 가장 힘센 암컷이 수컷으로 바뀌는 독특한 물고기이지요.

수심 5~20미터 연안의 바위가 많은 곳에서 지내요. 우리나라 동해안과 제주도를 비롯한 남해안, 일본 홋카이도 이남, 중국 바다에 살고, 몸길이는 약 35센티미터까지 자라지요.

큰가제바위 근처에서 만났어요. 수컷 한 마리가 암컷 여러 마리와 함께 지내는 것을 볼 수 있지요. 성게를 좋아해 성게 주변에 무리 지어 있는 모습도 자주 보여요.

성게 주변에 무리 지어 있네요. 여러 마리 암컷들과 함께 지내는 수컷은 과연 어디에 있을까요?

청줄청소놀래기 | 놀래기과

학명: *Labroides dimidiatus* (Valenciennes)
영어 이름: Blueback black wrasse, Blue streak, Cleaner wrasse

어릴 때 몸은 검은색이에요. 주둥이에서 등을 따라 꼬리지느러미까지 푸른색 띠가 이어지지요. 자라면서 앞부분이 연한 노란색을 띠고 뒷부분은 연한 푸른색으로 바뀌어요.

몸에 푸른색 줄무늬(청줄)가 있고, 다른 물고기의 입속과 몸에 붙은 찌꺼기나 기생충을 먹고 사는 습성에서 비롯된 이름이지요.

연안의 산호초나 바위가 많은 곳에서 지내며, 바위 앞에 자리를 잡고 춤을 추듯 위아래로 움직이면서 청소할 물고기들을 끌어들여요.

우리나라 제주도, 일본 남부, 태평양 중부 바다에 살고, 몸길이는 약 12센티미터까지 자라지요.

해녀바위 근처에서 만났어요.
볼락 같은 큰 물고기의 아가미와
입속을 청소하는 모습이지요.
이때 청소를 받으려는 물고기는 헤엄치는 것을 멈추고
청소하기 편하게 지느러미를 펴면서
아가미를 벌려 주어요.
때로는 귀찮은 듯 그냥 지나치기도 하지요.

쏨뱅이는 청소하기 편하게 입을 벌려 주네요(위).
어렝놀래기 암컷은 귀찮은 듯 그냥 지나치는군요(아래).

어렝놀래기 | 놀래기과

학명: *Pteragogus flagellifer* (Valenciennes)
영어 이름: Cocktail wrasse

몸 모양은 등이 높은 타원형이에요. 수컷은 몸이 검은빛을 띤 푸른색이고, 비늘 가장자리에 누런빛을 띤 녹색 물결무늬가 있어요. 등지느러미 가장 앞쪽의 가시줄기 두 개가 기다란 수컷은 암컷보다 더 돋보여요. 다 자란 암컷은 붉은빛을 띤 갈색이고 어린 개체는 누런빛을 띤 녹색이에요. 아가미뚜껑에 검은색 점무늬가 있지요.

이름은 제주도 방언 '어렝이'에서 비롯되었다고 해요. 영어 이름은 수컷의 모양에서 '수탉의 꽁지깃'을 뜻하지요.

온대 바다에 적응한 종으로, 바닷말류와 바위가 많은 곳에서 혼자 지내요. 우리나라 제주도를 비롯한 남해안, 일본 중부 이남, 서인도양, 태평양에 살고, 몸길이는 약 20센티미터까지 자라지요.

천장굴에서 만났어요.
수컷은 자기가 사는 곳에
누군가 들어오는 것을 무척 싫어해서
싸움을 벌이곤 하지요.
알을 낳는 시기는 7~8월이며, 해가 지면
암컷 여러 마리가 수컷을 기다리고 있어요.
수컷이 다가가서 암컷을 선택하면
함께 헤엄을 치면서
산란과 수정을 동시에 해요.

싸움을 벌이는 두 수컷을 보면서 암컷이 새초롬한 표정을 짓는 것 같지요?

혹돔 놀래기과

학명: *Semicossyphus reticulatus* (Valenciennes)
영어 이름: Bulgyhead wrasse

몸이 붉은빛을 띤 갈색이에요. 어릴 때는 노란빛을 띤 흰색 세로띠가 눈에서 꼬리자루까지 뚜렷하게 나타나지요. 다 자라면 세로띠가 없어져요. 어릴 때는 암수가 구별되지 않지만 세로띠가 사라지면서 모두 암컷으로 변해요. 여기에서 몇몇 개체는 서서히 눈 위쪽 머리가 혹처럼 불룩 튀어나오면서 수컷으로 변하지요.

이 모습에 빗대어 이름을 붙였어요. 양턱에 굵고 강한 이빨이 위협적이지요. 수컷은 세력권(먹이와 자손을 키우려고 차지하는 영역)을 이루고 있어 영역을 놓고 서로 싸움을 벌이기도 해요.

따뜻한 바다의 바위가 많은 곳에서 지내요. 우리나라 제주도를 비롯한 남해안과 울릉도 그리고 동해 중부 이남, 일본 남부, 남중국해에 살고, 몸길이는 약 1미터까지 자라지요.

> 독도에서는 어린 개체부터 다 자란 개체까지 모두 만날 수 있어요. 자라면서 몸 색이 바뀌는 과정도 볼 수 있지요. 밤이면 커다란 혹돔이 큰 바위 밑에 자리를 잡고 잠을 자요. 특히 혹돔굴에는 몸길이 1미터에 이르는 수컷 혹돔이 매일 밤 같은 자리에서 잠을 자고, 새벽에 나가서 먹이 활동을 하지요. 수컷 혹돔이 잠자는 곳 근처에는 소라 껍데기가 쌓여 있어서 굴속을 전등으로 비추면 쉽게 볼 수 있어요.

세로 줄무늬가 뚜렷한 어린 개체예요.

자라면서 등지느러미와 꼬리지느러미, 뒷지느러미의 검은색 무늬가 희미해져요. 청줄청소놀래기가 청소를 해 주네요(위).
암컷에서 수컷으로 변한 모습이에요(아래).

무지개놀래기 | 놀래기과

학명: *Stethojulis interrupta terina* Jordan and Snyder
영어 이름: Oneline rainbow fish

   수컷의 등은 초록빛을 띤 갈색이고 배는 이보다 색이 연해요. 머리 위에서 등 위 테두리를 따라 푸른색 띠가 꼬리자루까지 길게 이어져요. 이 푸른색 띠는 몸 가운데에서 꼬리자루까지, 눈 위와 아래에도 있어요.

   암컷의 몸은 붉은빛을 띤 갈색이지요. 몸 가운데로 폭이 좁고 짙은 갈색의 세로띠가 하나 있고, 몸에 짙은 붉은색 점들이 깨알처럼 흩어져 있어요.

   수컷 몸 색이 무지개처럼 아름다워 붙인 이름이에요.

   연안의 얕은 곳에 바위와 모래 경계 근처에서 지내요. 우리나라 제주도, 일본 중부 이남, 인도양, 서태평양에 살고, 몸길이는 약 14센티미터까지 자라지요.

큰가재바위 근처 계곡의 바위에서
성게를 쪼아 먹는 모습이 자주 보이지요.
수컷은 무지개처럼 아름다운 모습을 뽐내요.

등은 초록빛을 띤 갈색, 배는 그보다 연한 색인 수컷의 모습이 무척 아름다워요.

녹색물결놀래기 | 놀래기과

학명: *Thalassoma lunare* (Linnaeus)
영어 이름: Crescenttail wrasse, Moon wrasse

안쪽으로 살짝 파인 노란색 꼬리지느러미에 수컷은 붉은색과 파란색이 어우러진 위아래 줄기가 제비 꼬리처럼 뾰족하게 튀어나왔어요. 수컷의 가슴지느러미는 파란색 바탕에 붉은색 타원형 점이 있어 돋보여요. 변화가 심한 몸 색은 대체로 녹색이고, 붉은색이나 자주색 가로 줄무늬들이 물결 모양을 이루고 있어요.

이 모양에서 이름을 따왔지요. 영어 이름은 노란색 꼬리지느러미가 초승달 모양이라는 뜻이에요.

연안의 산호초가 많은 곳에서 지내지요. 우리나라 제주도, 일본 중부 이남, 인도양, 태평양에 살고, 몸길이는 약 20센티미터까지 자라요.

큰가제바위 주변 계곡 바위 위에서 먹이를 주둥이로 쪼아 먹는 수컷을 만났어요. 몇 마리씩 모여 있는 놀래기과의 여느 물고기와는 다르게 혼자 다녀요.

수컷의 파란색 가슴지느러미에 붉은색의 타원형 점이 눈길을 끄네요.

황놀래기 | 놀래기과

학명: *Pseudolabrus sieboldi* Mabuchi and Nakabo
영어 이름: Bamboo leaf wrasse

수컷은 몸 뒤쪽 옆줄이 분명하지 않아요. 암컷은 옆줄이 등 쪽 테두리와 나란하게 이어지다가 등지느러미 아래 부분에서 급하게 휘어져 내려오지요. 사는 곳에 따라 몸 색이 다양하지만 대체로 수컷의 몸 색은 초록빛을 띤 진한 갈색이에요. 암컷은 누런빛을 띤 갈색이지요.

암컷은 눈 아래위로 붉은빛을 띤 갈색 세로띠 5~6줄이 아가미뚜껑 앞까지 이어져요. 수컷은 몸에 흰색 점무늬 두 줄이 뚜렷하지요.

암컷의 몸 색에서 이름을 붙였어요.

따뜻하고 얕은 바다에 바닷말류와 바위가 많은 곳에서 지내요. 우리나라 제주도, 일본 남부, 타이완 바다에 살고, 몸길이는 약 25센티미터까지 자라지요.

> 천장굴 바깥쪽에서 먹이 활동을 하는 암컷을 만났어요. 무리를 이루는 용치놀래기와는 다르게 한두 마리가 돌아다니지요.

그물베도라치 장갱이과

학명: *Dictyosoma burgeri* van der Hoeven
영어 이름: Ribbed gunnel

옆으로 납작하고 긴 몸은 누런빛, 초록빛, 검은빛을 띤 갈색을 띠어요. 배지느러미는 흔적만 남아 있고, 비늘은 몸속에 묻혀 있지요. 몸 옆에 가로줄이 많아 그물 모양으로 옆줄과 얽혀 있어요.

이 모습에서 붙인 이름이지요. '베도라치'는 전라남도에서 '뽀드락지'라고 해요. 뽀드락지는 피부에 돋아나는 뾰루지를 뜻하지요. 주둥이가 뾰족한 것에 빗대었다고 해요. 몸을 보호하는 비늘 대신 끈끈한 점액으로 덮여 있어 만지면 미끌미끌해요. 암컷이 알 덩이를 낳으면 수컷이 몸으로 알 덩이를 감싸면서 보살펴요.

연안의 얕은 곳이나 조수 웅덩이의 바위틈과 자갈 밑에서 지내지요. 닥치는 대로 갯지렁이, 새우, 작은 물고기들을 먹어요. 우리나라의 모든 연안, 일본 바다에 살고, 몸길이는 약 30센티미터까지 자라지요.

독도 연안 어디에서든 만날 수 있어요.
낮에는 바위 밑에서 쉬고 있다가
밤에 먹이 사냥을 하지요.

세줄베도라치 장갱이과

학명: *Ernogrammus hexagrammus* (Temminck and Schlegel)
영어 이름: Sixline prickleback

등은 진한 갈색, 배는 연한 갈색이지요. 옆줄은 네 줄이고, 아래쪽 두 줄이 몸 앞에서 하나로 합쳐져요. 눈 주위로 비스듬히 검은빛을 띤 갈색 줄무늬가 세 줄 있어요.

이 모양에서 이름을 따왔지요. 가슴지느러미에도 줄무늬가 5~6줄 있어요. 영어 이름은 가슴지느러미 줄무늬 여섯 줄을 뜻해요.

사는 곳이나 먹이, 수컷이 알을 품는 습성은 그물베도라치와 같지요.

우리나라의 모든 연안과 일본 북부에서 규슈에 이르는 바다에 살고, 몸길이는 약 15센티미터까지 자라요.

이 친구는 밖으로 잘 나오지 않고 바위 밑에 숨어 있어 만나기가 쉽지 않아요. 밤에 활동하기 때문에 그제야 만났지요. 가까이 다가가 카메라로 보는 순간 눈 뒤에 줄무늬가 세 줄이 있어 세줄베도라치임을 알게 되었어요.

눈 앞에 기다란 관 모양의 콧구멍이 독특해요.

큰줄베도라치 장갱이과

학명: *Stichaeopsis epallax* (Jordan and Snyder)
영어 이름: Fork line stickleback

몸에 옆줄이 네 줄 있고, 눈 앞쪽에 있는 콧구멍은 관 모양이에요. 몸은 짙은 갈색이고, 주둥이에서 꼬리자루까지 검은빛을 띤 갈색 띠가 길게 이어져요.

폭이 넓은 이 줄무늬에 빗대어 붙인 이름이지요.

수심이 약간 깊고 바닷말류와 바위가 많은 곳에서 지내요. 우리나라 동해 중부 이북, 일본 북부, 오호츠크해에 살고, 몸길이는 약 30센티미터까지 자라지요.

해녀바위 근처의 펄과 모랫바닥에서 만났어요.
사진을 찍으려고 가까이 다가가도 움직이지 않더군요.
낮에는 바위 아래 머물다가
주로 밤에 활동하니까
움직이는 모습을 담으려면
밤에 사진을 찍어야 해요.

도루묵 도루묵과

학명: *Arctoscopus japonicus* (Steindachner)
영어 이름: Japanese sandfish, Sailfin sandfish,

   등은 누런빛을 띤 연한 갈색에 모양이 고르지 않은 검은빛을 띤 갈색 줄무늬들이 있어요. 배는 은빛을 띤 흰색이지요. 옆줄과 비늘이 없고 뒷지느러미가 꼬리지느러미까지 이어져요. 주로 수심 100~400미터 아래의 모래와 펄 바닥에서 지내요. 차가운 바다에 살면서 알을 낳을 때인 초겨울이 되면 물이 얕고 바닷말류가 많은 곳으로 몰려오지요. 점액으로 둘러싸인 알 덩이들을 바닷말류에 낳아 붙여요.

   옛날에 어느 임금님이 '목어'라는 물고기를 먹고 맛이 좋아 '은어'라는 이름을 내렸다가 나중에 먹어 보니 그 맛이 예전 같지 않아 도로(다시) 목으로 부르라고 했다는 '도로목'이 바뀐 이름이라고 해요. 한편으로는 함경도 방언인 '돌목'에서 비롯되었다고도 하지요.

   차가운 바다에 사는 물고기로, 우리나라 동해, 일본 중부 이북, 캄차카반도, 알래스카 바다에 살고, 몸길이는 약 20센티미터까지 자라요.

등에 모양이 고르지 않은 줄무늬들이 이어져 있어요.

독도에서는 주로 겨울철에 만날 수 있어요.
밤에 도루묵들이 몰려와 바닷말류에 알을 낳지요.
알 덩이는 막이 두껍고 끈끈해서
바닷말류 줄기에 잘 달라붙어요.
알 덩이는 공처럼 속이 비어 있어요.
알들이 깨어날 때까지 신선한 바닷물이
잘 드나들게 말이지요.

동미리 양동미리과

학명: *Parapercis snyderi* Jordan and Starks
영어 이름: U-mark sandperch, Snyder's weever

몸 모양은 기다란 원통형이며 꼬리자루가 옆으로 납작해요. 몸은 짙은 회색, 옅은 주홍색이며 등에 U 자 모양으로 검은빛을 띤 갈색 무늬가 다섯 개 있어요. 배에는 갈색 가로띠 8~9줄이 일정한 간격으로 있지요. 등지느러미 가시에 독이 있어 찔리면 무척 고통스럽다고 해요.

전라도에서 부르던 이름을 그대로 따왔지만, 그 뜻은 알려지지 않았어요. 영어 이름은 'U' 자 모양의 무늬를 뜻하고, 스나이더(Snyder)는 학명을 지은 조던(Jordan)의 이름이에요.

수심이 얕고 모래와 바위가 많은 곳에서 지내며, 암컷으로 살다가 수컷으로 바뀌지요. 우리나라 남해안, 일본 남부, 남중국해에 살고, 몸길이는 약 12센티미터까지 자라요.

제주도에서는 흔하게 보이지만,
독도에서는 여름과 가을에
해녀바위 근처 모랫바닥에서 만날 수 있지요.

입술에 검은색 또는 연한 갈색 점무늬들이 있어요.

가막베도라치 먹도라치과

학명: *Enneapterygius etheostomus* (Jordan and Snyder)
영어 이름: Snake triplefin

　몸 모양은 원통형이지만 꼬리자루로 갈수록 옆으로 납작해요. 옆줄은 두 부분으로 나뉘어 있는데 앞쪽은 몸 위쪽에, 뒤쪽은 몸 가운데에 있지요. 암컷은 머리가 주황색이고, 몸에는 이보다 연한 바탕에 짙은 갈색 띠가 여섯 줄 있어요. 수컷은 검은색 몸에 흰색 가로띠 두 줄이 뚜렷해요.

　이름은 수컷의 몸 색에서 따왔지요. 가막은 '밝고 엷게 검다(가맣다)'는 뜻이에요. 영어 이름은 뱀과 지느러미 세 개를 뜻하지요. 이 친구는 등지느러미가 세 개로 나뉘었거든요.

　수심 10미터 이내의 바위에 붙어서 지내며, 바위에 붙어 있는 조류와 작은 동물을 먹지요.

　우리나라 제주도와 울릉도, 일본 홋카이도에서 규슈에 이르는 바다에 살고, 몸길이는 약 6센티미터까지 자라요.

독립문바위에서 만났어요.
바위 아래쪽이나 옆쪽에서 쉽게 볼 수 있지요.
알 낳을 때가 되면
수컷은 자기가 사는 곳으로 암컷을 끌어들여요.
암컷이 알을 낳으면 수컷이 알을 돌보지요.

수컷은 온통 검은색 몸에 제2등지느러미와 제3등지느러미 사이, 그리고 꼬리자루에 흰색 가로띠가 있어요.

위의 사진은 수컷이고, 동그라미 사진은 암컷이에요.

청황베도라치 먹도라치과

학명: *Springerichthys bapturus* (Jordan and Snyder)
영어 이름: Princess blenny

　머리는 아래쪽이 위쪽보다 넓고, 주둥이가 뾰족하여 삼각형이지요. 몸 색의 변화가 심해요. 주황색 몸에 붉은빛을 띤 갈색 점, 푸른색(청색) 몸에 붉은빛을 띤 노란색 점, 연한 분홍색 몸에 붉은색 점들이 흩어져 있지요. 암컷은 머리에 살짝 검은색이 어른거리고, 꼬리지느러미가 검은색에 하얀 테두리가 있어요.

　푸른색(청색)과 붉은색과 노란색(주황색)이 어우러진 아름다운 몸 색에 빗대어 지은 이름이지요. 영어 이름은 공주라는 뜻이네요.

　바위와 바닷말류가 많은 연안의 수심 10미터 미만에서 바닷말류를 먹으며 살아요. 우리나라 제주도, 일본 바다에 살고, 몸길이는 약 6센티미터까지 자라지요.

독도 대부분의 바닷속 큰 바위 밑에서 만날 수 있어요.
바위에 거꾸로 붙어 있는 모습이 자주 보여요.
알을 낳을 때에는 암컷이 바위에 알을 붙이고
수컷은 알이 깨어날 때까지 돌본답니다.

머리 무늬가 화려한 수컷은 산란기가 되면 몸이 선명한 주황색으로 바뀌고,
머리와 주둥이, 꼬리지느러미는 검은색으로 변해요(혼인색).

저울베도라치 청베도라치과

학명: *Entomacrodus stellifer* (Jordan and Snyder)
영어 이름: Stellar rockskipper, Spotted blenny

　짙은 초록빛을 띤 갈색 몸에 깨알 같은 흰색 점들이 흩어져 있어요. 검은빛을 띤 푸른색 가로띠가 일곱 줄 있지요. 윗입술 가운데에 톱니 모양으로 피부가 뾰족 튀어나왔어요(피부 돌기). 콧구멍과 눈 위쪽으로 볏처럼 생긴 피부 조직이 각각 한 쌍 있어요.

　이름은 전라남도 방언에서 그대로 따왔는데 유래는 알 수 없어요. 몸 옆의 가로띠가 예전에 쓰던 손저울의 눈금을 닮아 붙였다고도 하지요. 영어 이름은 밤하늘에 총총한 별이라는 뜻으로, 온몸에 흰색 점들이 가득한 모습에 빗대었어요.

　바위가 많은 얕은 해안에서 지내지요. 우리나라 동해와 제주도를 비롯한 남해안, 일본, 중국, 타이완 바다에 살고, 몸길이는 약 12센티미터까지 자라요.

태풍이 지난 뒤 흑돔굴 근처 조수 웅덩이와 동도 선착장의 부채바위 조수 웅덩이에서 만났어요. 이처럼 수심이 얕은 바닷가나 웅덩이에서 볼 수 있지요.

ⓒ 박정권

콧구멍 위에 깃털과 눈 위에 볏 한 쌍이 동화 속 장난꾸러기 물고기 같아요.

앞동갈베도라치 청베도라치과

학명: *Omobranchus elegans* (Steindachner)
영어 이름: Elegant blenny

기다란 몸 앞쪽은 갈색, 뒤쪽은 노란색을 띠어요. 머리와 몸 앞쪽에 검은빛을 띤 갈색 가로띠가 있지요. 몸 뒤쪽으로 작은 검은색 점들이 흩어져 있어요. 머리가 거의 직각 모양이라 입이 머리 아래로 열리지요.

이름은 몸 앞쪽에 가로띠가 많아 앞이 동강이 난 듯한 모습에 빗대었다고 해요. '동갈'은 짤막하게 잘라진 부분을 뜻하는 '동강이(동강)'의 방언이지요. 영어 이름은 바위 틈으로 밖을 살피는 우아한 모습에서 따왔어요.

연안의 바위와 바닷말류가 많은 곳이나 조수 웅덩이에서 지내지요. 우리나라의 모든 연안, 일본, 중국 바다에 분포하고, 몸길이는 약 8센티미터까지 자라요.

> 바위틈과 따개비 속에서 머리를 내놓는 모습을 자주 볼 수 있어요. 몸 색이 화려해서 쉽게 눈에 띄지요.

두줄베도라치 청베도라치과

학명: *Petroscirtes breviceps* (Valenciennes)
영어 이름: Striped poison-fang blenny mimic, Black-banded blenny

연한 누런빛을 띤 흰색 몸에 옆으로 검은색 세로띠가 두 줄 있어요. 등지느러미가 시작되는 부분에 검은색 줄이 있어 언뜻 세 줄로 보이기도 해요. 몸에 세로띠가 두 줄 있어 붙인 이름이에요.

아래턱에 독니 흉내만 낸 긴 송곳니가 한 쌍 있어 스스로를 지키는 무기로 삼지요. 영어 이름도 검은색 줄무늬, 독니를 흉내 낸 물고기라는 뜻이에요.

위협을 느끼면 소라 껍데기 속으로 숨어서 머리만 내놓고 주변을 살펴요.

수심 10미터의 바위와 바닷말류가 많은 곳에서 지내요. 우리나라 울릉도와 제주도를 비롯한 남해안, 일본 홋카이도 이남, 중국, 서태평양에 살고, 몸길이는 약 11센티미터까지 자라지요.

해녀바위에서 만났어요.
소라 껍데기나 버려진 깡통에 들어가 머리를 내민 모습이 자주 보여요. 포식자가 나타나면 이곳으로 쏙 숨지요. 알 낳을 때가 되면 수컷이 밖으로 나와 암컷을 소라 껍데기 안으로 이끌어요. 암컷은 껍데기 바닥에 알을 붙여 낳은 뒤 떠나고 수컷이 알들이 깨어날 때까지 돌보지요.

개베도라치 청베도라치과

학명: *Petroscirtes variabilis* Cantor
영어 이름: Variable sabretooth blenny

연한 갈색 몸에 짙은 갈색 점들이 이어진 구름 모양의 가로띠가 5~6줄 있어요. 이 무늬는 등지느러미와 뒷지느러미까지 이어지지요. 살아가는 곳에 따라 무늬 변화가 심해요.

베도라치와 '비슷하지만 어딘가 다르다'는 뜻에서 '개' 자를 붙였지요.

수심이 얕고 바닷말류와 바위가 많은 곳에서 지내고, 바닷말류 줄기에 붙어 있을 때가 많아요.

우리나라 제주도, 일본 남부, 서태평양의 열대 바다에 살고, 몸길이는 약 15센티미터까지 자라지요.

해녀바위 근처의 절벽 틈에서 만났어요. 두줄베도라치와 비슷해서 물속에서는 구별하기가 매우 까다로워요. 사진을 찍은 뒤 자세히 살펴보면 눈 위에 있는 돌기와 몸 무늬로 구별할 수 있지요.

두 눈 사이의 피부 돌기들이 조개껍데기에 뒤덮인 산호와 비슷해요.

비늘베도라치

비늘베도라치과

학명: *Neoclinus bryope* (Jordan and Snyder)
영어 이름: Moss fringehead

몸은 검은빛을 띤 연한 갈색이고, 붉은색도 있어요. 검은빛을 띤 갈색 얼룩점들이 몸 옆과 등지느러미에 골고루 자리 잡고 있지요. 머리와 몸에 작은 흰색 점들이 퍼져 있어요. 두 눈 사이에 깃털 모양의 피부 돌기가 세 쌍 있고, 끝이 여러 갈래로 갈라졌지요. 작은 비늘은 피부에 묻혀 보이지 않아요.

이름은 1990년 전북대학교 김익수 교수가 제주도 성산에서 처음 채집하여 작은 몸에 둥근비늘(원린)이 있어 붙였다고 해요. 영어 이름은 이끼를 뜻해요.

해안선 부근의 바위가 많은 곳에서 지내고, 작은 갑각류와 바닷말류를 먹어요. 우리나라 제주도를 비롯한 남해안, 일본 홋카이도 이남의 바다에 살고, 몸길이는 약 8센티미터까지 자라지요.

코끼리바위 절벽 사이 작은 구멍 속에 많이 살아요.
먹이 활동을 할 때만 밖으로 나오지요.
머리를 내민 모습이 마치 왕관을 쓴 것 같아
다이버들에게 인기가 많아요.

큰입학치 학치과

학명: *Lepadichthys frenatus* Waite
영어 이름: Bridled clingfish

몸은 누런빛을 띤 갈색이고, 주둥이 끝에서 눈을 지나 아가미뚜껑까지 이어지는 검은색 띠가 있어요. 몸이 기다란 원통 모양에 머리는 아래위로 납작해요. 몸 뒤쪽에 이르러 갑자기 양옆으로 납작하지요. 등지느러미와 뒷지느러미는 꼬리지느러미와 이어지고 양옆의 배지느러미가 서로 합해져 빨판(다른 동물이나 물체에 달라붙기 위한 기관, 흡반)을 이루어요. 생김새가 비슷한 몸이 누런색인 황학치보다 입이 커서 붙인 이름이지요.

수심이 얕은 바위틈에서 지내요. 우리나라 제주도, 일본 남부, 오스트레일리아 바다에 살고, 몸길이는 약 5센티미터까지 자라지요.

> 코끼리바위 주변에서 만났어요. 돌을 들추어야만 볼 수 있지요. 무언가 다가오는 낌새를 느끼면 어두운 곳으로 재빨리 숨어요.

연지알롱양태 돛양태과

학명: *Neosynchiropus ijimai* (Jordan and Thompson)
영어 이름: Bridled clingfish, Lined dragonet

눈 위쪽에 짧은 피부 돌기가 한 쌍 있어요. 수컷은 가시 네 개가 길게 뻗은 제1등지느러미가 암컷보다 높고 넓지요. 붉은빛을 띤 갈색 몸에 노란색, 푸른색 점들이 흩어져 있어요.

이 모습에서 입술이나 뺨에 바르는 붉은색의 연지, 알롱알롱한 무늬에 빗대어 이름을 붙였지요. 돛양태과의 무리는 양태와 비슷하고, 등지느러미를 펼치면 마치 배의 돛을 닮았어요.

수심이 얕은 바위 근처 모랫바닥에서 지내요.

우리나라 제주도를 비롯한 남해안, 일본 바다에 살고, 몸길이는 약 12센티미터까지 자라지요.

해녀바위의 모래와 바위가 많은 곳에서 만났어요. 주로 모랫바닥에서 먹이 활동을 하지만 바위 위 작은 저서생물을 주둥이로 쪼아서 먹지요. 지느러미를 활짝 펼치면 공작의 날개깃처럼 아름다워 다이버들에게 인기가 많아요.

날돛양태 돛양태과

학명: *Repomucenus beniteguri* (Jordan and Snyder)
영어 이름: Jordan's dragonet

연한 갈색 등에 짙은 갈색의 작은 점들이 흩어져 있고, 배는 흰색을 띠어요. 꼬리지느러미에 검은빛을 띤 갈색 점무늬가 있고, 아래쪽은 검은색이지요. 수컷은 제1등지느러미의 첫 번째와 두 번째 지느러미 줄기가 길게 뻗었어요. 암컷은 제1등지느러미 끝에 검은색 점이 있지요.

몸 모양이 돛양태와 비슷하고, 길게 뻗은 지느러미 줄기가 세로로 놓이는 실 '날'에 빗대어 붙인 이름인 듯해요.

연안의 모랫바닥에서 지내지요. 우리나라 서해안과 남해안, 일본, 중국 바다에 살고, 몸길이는 약 22센티미터까지 자라요.

여름철에 해녀바위 근처 모랫바다에서 만났어요. 모래 틈에 있는 먹이를 주둥이로 콕콕 쪼아서 먹지요. 천천히 움직여서 사진에 담기 쉬워요.

독도얼룩망둑 망둑어과

학명: *Astrabe fasciata* Akihito and Meguro
영어 이름: Dok-do goby

몸이 작고 머리 부분은 위아래로, 꼬리자루는 양옆으로 납작해요. 몸 색은 붉은빛을 띤 갈색이고, 가로 줄무늬가 여러 줄 있어요. 줄무늬 사이로 밝은 색 점들이 흩어졌지요. 그 뒤쪽으로도 흰색 세로 줄무늬가 3~4줄 있어요.

이 책을 지은 글쓴이들이 독도에서 처음 발견했고, 몸에 얼룩무늬가 있어 붙인 이름이지요.

수심이 얕은 곳의 자갈 아래에서 지내요.

우리나라 독도와 일본 중부 이남의 바다에 살고, 몸길이는 약 5센티미터까지 자라지요.

어두운 곳을 좋아해 큰 바위 밑에 살아요. 바위를 들추어야만 만날 수 있지요. 크기가 작고 어두운 곳으로 재빨리 숨어 관찰하기가 힘들었어요. 해녀바위와 코끼리바위, 물골, 큰가제바위의 어두운 굴속에서 사진에 담았지요.

별망둑 망둑어과

학명: *Chaenogobius gulosus* (Sauvage)
영어 이름: Gluttonous goby

몸은 원통형이며 작은 눈이 머리 위쪽에 툭 튀어나왔어요. 망둑어과 무리의 특징이지요. 몸은 검은빛을 띤 갈색에 흰색 점들이 흩어졌어요. 몸 색이 사는 곳에 따라 조금씩 달라져요. 꼬리지느러미가 시작되는 곳에 검은색 점이 있어요.

몸에 흩어진 흰색 점들이 마치 별처럼 보여 붙인 이름이지요. 영어 이름은 닥치는 대로 먹는 식성에 빗대어 '게걸스러운 망둑어'라는 뜻이에요.

연안의 바위와 돌 틈에서 지내요. 우리나라의 모든 연안, 일본의 홋카이도에서 규슈에 이르는 바다에 살고, 몸길이는 약 12센티미터까지 자라지요.

해녀바위에서 만났어요.
움직이지 않고 바위나 모랫바닥에 있거나
조금씩 움직이기 때문에 쉽게 사진을 찍었어요.
사는 곳의 환경에 따라
몸 색의 밝기가 다르지요.

바위에 앉아 있기 편하게 양쪽 배지느러미가 합쳐져 빨판을 이루지요.

비단망둑 망둑어과

학명: *Istigobius hoshinonis* (Tanaka)
영어 이름: Hoshino's goby

몸은 누런빛을 띤 갈색이에요. 몸 옆쪽으로 검은빛을 띤 갈색 점들이 세로 줄무늬를 이루지요. 눈이 크고, 꼬리지느러미는 부챗살 모양으로 둥글어요.

누런빛을 띤 몸과 갈색 점들이 비단처럼 반짝이는 듯해 붙인 이름이지요.

연안의 바위와 모래가 많은 바닥에 지내면서 갯지렁이, 새우, 게 따위를 먹어요.

우리나라 제주도, 일본 바다에 살고, 몸길이는 약 12센티미터까지 자라지요.

천장굴 근처의 모래가
일부분만 쌓인 곳에서 만났어요.
사람이 있는 낌새를 느끼면
재빨리 바위틈으로 숨기 때문에
조심조심 다가가야 해요.

뺨에 푸른빛을 띤 흰색 줄이 하나 있어요.

일곱동갈망둑 망둑어과

학명: *Pterogobius elapoides* (Günther)
영어 이름: Serpentine goby

몸은 원통형이며, 아주 작은 비늘로 덮여 있어요. 연한 분홍색 몸에 검은빛을 띤 갈색 가로띠가 일곱 줄 있지요. 가로띠에 노란색 테두리가 있어요. 머리에서 눈을 가로지른 가로띠 하나가 돋보이지요.

몸에 있는 가로띠 일곱 줄에 빗대어 붙인 이름이에요. 영어 이름은 구불구불한 뱀 무늬를 뜻하지요.

바닷말류와 바위가 많은 곳의 바닥 근처에서 떠다니듯 천천히 헤엄치면서 지내요.

우리나라 제주도를 비롯한 남해안과 동해 남부, 일본 홋카이도 이남의 바다에 살고, 몸길이는 약 15센티미터까지 자라지요.

> 해녀바위 바닷속에서 만났어요.
> 여느 망둑어류처럼 바닥에 붙어 있지 않고,
> 바위 주변을 천천히 헤엄쳐 다니지요.
> 느리게 헤엄쳐서 사진 찍기가 수월해요.
> 사는 곳에 따라 몸 색이 조금씩 다르기도 하지요.

노란색 테두리로 둘러싸인 줄무늬가 참 독특한 친구예요.

눈과 눈을 잇는 것처럼 누런빛을 띤 갈색 줄이 있어요.

다섯동갈망둑 망둑어과

학명: *Pterogobius zacalles* Jordan and Snyder
영어 이름: Beauty goby

몸은 원통형이고 작은 비늘로 덮여 있어요. 연한 갈색 몸에 검은빛을 띤 갈색 가로띠가 다섯 줄 있지요. 제2등지느러미와 뒷지느러미, 꼬리지느러미의 가장자리는 검은색을 띠어요.

몸에 가로띠가 다섯 줄 있어 붙인 이름이지요.

수심 20~40미터의 바위가 많은 곳에서 지내요.

우리나라 서해안과 제주도를 비롯한 남해안, 일본 홋카이도 이남의 바다에 살고, 몸길이는 약 14센티미터까지 자라지요.

전차바위 근처 수심 32미터에서 만났어요. 바위 주변에 있다가 사람이 있는 김새를 느끼면 재빨리 굴속으로 들어가지요. 망둑어류 가운데 가장 수심이 깊은 곳에서 살아요. 다이버를 바라보는 눈에 경계심이 가득한 것 같지요?

흰줄망둑 망둑어과

학명: *Pterogobius zonoleucus* Jordan and Snyder
영어 이름: White girdled goby

연한 갈색 몸에 폭이 좁은 주황색 가로띠가 6~8줄 있어요. 제1등지느러미 가운데 부분의 지느러미 줄기가 길지요. 제2등지느러미와 뒷지느러미에 노란색과 푸른빛을 띤 흰색, 갈색의 세로 줄무늬들이 있어요.

푸른빛을 띤 흰색 줄무늬에 빗대어 붙인 이름이라고 하지요.

조수 웅덩이, 수심 20미터에 못 미치는 바위와 돌이 많은 곳 근처에서 주로 생활해요. 우리나라 동해안과 남해안, 일본 홋카이도 이남, 중국 바다에 살고, 몸길이는 약 9센티미터까지 자라지요.

혹돔굴과 해녀바위 근처에서 많이 보여요. 다 자란 개체와 어린 개체가 함께 보여 독도에서도 번식하는 것으로 생각해요. 일곱동갈망둑처럼 지느러미를 활짝 펴고 헤엄치는 모습이 아름답지요.

몸 색이 바닥과 거의 같아 마치 숨은그림찾기를 하는 것 같지요?

바닥문절 망둑어과

학명: *Sagamia geneionema* (Hilgendorf)
영어 이름: Hairy chin goby

몸은 연한 갈색이고, 몸 옆쪽으로 형태가 뚜렷하지 않은 갈색 무늬가 7~9개 있어요. 등에 작은 갈색 점들이 흩어져 있지요. 턱 아래에 짧은 수염이 삐죽삐죽 많이 났어요. 제1등지느러미에 검은색 점이 있고, 꼬리지느러미가 시작되는 곳에도 검은빛을 띤 갈색 점이 있지요.

'문절'은 남해안에서 부르던 망둑의 방언이며, 바닥에서 사는 것에 빗대어 붙인 이름이지요.

연안의 얕은 모랫바닥에서 지내요. 우리나라 제주도를 비롯한 남해안, 일본 아오모리에서 규슈에 이르는 바다에 살고, 몸길이는 약 10센티미터까지 자라지요.

> 해녀바위 근처 모래와 펄 바닥에서 만났어요.
> 옆에서 보면 아래턱 밑으로
> 짧은 수염이 많아 쉽게 알 수 있지요.
> 천천히 움직이고, 그리 멀리 가지 않아
> 수월하게 사진에 담았어요.

꼬마줄망둑 망둑어과

학명: *Trimma grammistes* (Tomiyama)
영어 이름: Striped sleeper

몸은 주황색이고, 몸 옆 조금 위쪽으로 검은색 세로줄이 주둥이 끝에서 꼬리자루까지 이어져요. 우리나라 망둑어류 가운데 가장 작지요. 필리핀 바다에는 몸길이가 2센티미터밖에 안 되는 망둑어류도 있어요.

몸이 작고 줄이 있어 붙인 이름이지요.

바위가 많은 연안의 얕은 곳에서 지내요. 우리나라 제주도, 일본 중부 이남의 바다에 살고, 몸길이는 약 4센티미터까지 자라지요.

천장굴의 바위와 모래가 많은 바닥에서 만났어요.
평소 바닥에 붙어 지내다가
다이버가 가까이 다가가면 재빨리 달아나
사진 찍기가 힘들었지요.
경계심이 많은 친구예요.

연분홍 산호초에서 놀고 있는 꼬마줄망둑이 참 예쁘네요.

독가시치 독가시치과

학명: *Siganus fuscescens* (Houttuyn)
영어 이름: Rabbit fish

몸은 달걀 모양에 검은빛을 띤 갈색, 초록빛을 띤 갈색이지요. 좁쌀처럼 작은 흰색 점들이 흩어져 있어요. 꼬리자루가 가늘어요. 등지느러미와 배지느러미, 뒷지느러미 가시에 독이 있지요.

이름은 독가시가 있는 물고기라는 뜻이에요. 영어 이름은 무리 지어 바닷말류를 갉아 먹는 모습이 토끼 같아 붙였지요.

어릴 때는 바닷말류를 먹고, 자라면서 바닷말류에 붙어 있는 동물플랑크톤이나 작은 새우와 게 따위를 먹어요.

바위가 많은 연안의 얕은 곳에서 지내요. 우리나라 제주도를 비롯한 남해안과 울릉도, 일본 남부, 타이완, 필리핀, 오스트레일리아 서부 바다에 살고, 몸길이는 약 30센티미터까지 자라지요.

동도 선착장에서 만났어요.
바닷말류 숲에서 무리 지어 다니는 모습이 자주 보이지요.
다 자란 개체보다는 어린 개체들이
수심이 낮은 바닷말류 사이로
바닷말류의 새싹을 먹는 모습을 볼 수 있어요.

바닷말류가 무성한 곳에서 막 싹을 틔우는 바닷말류를 먹고 있어요.

쥐돔 양쥐돔과

학명: *Prionurus scalprum* Valenciennes
영어 이름: Sixplate sawtail, Surgeon fish

몸은 검은빛을 띤 갈색이고, 등지느러미와 뒷지느러미 가장자리가 파란색 테두리로 둘러싸였어요. 꼬리자루에 뼈처럼 단단하고 둥근 검은색 골질판이 4~5개 있어요. 주둥이는 대체로 길지만 입이 매우 작지요. 꼬리지느러미가 어릴 때는 흰색을 띠고, 다 자라면 꼬리지느러미를 비롯해 전체적으로 검은빛을 띤 회색으로 바뀌어요.

몸 색과, 빠르게 움직이는 모습을 쥐에 빗대어 붙인 이름이지요. 영어 이름은 골질판에 앞쪽으로 향한 날카로운 가시가 외과 의사들이 수술할 때 쓰는 칼을 닮았다고 하여 '수술용 칼(메스)', '외과 의사'라는 뜻이에요.

수심 10미터의 바위와 바닷말류가 많은 곳에서 서너 마리씩 모여 생활해요.

우리나라 제주도를 비롯한 남해안, 일본 남부, 타이완 바다에 살고, 몸길이는 약 50센티미터까지 자라지요.

이 친구는 동작이 아주 재빨라요. 인내심으로 끈질기게 따라다니면 어느 순간 가까이 다가오는 것을 허용하지요. 이때 가까이 다가가 관찰할 수 있어요. 그래도 사진을 정확히 찍기가 까다롭지요. 다 자란 개체보다 어린 개체가 더 힘들어요.

애꼬치 꼬치고기과

학명: *Sphyraena japonica* Cuvier
영어 이름: Japanese barracuda

등은 회색빛을 띤 푸른색, 배는 은빛을 띤 흰색, 꼬리지느러미는 노란색을 띠어요. 주둥이가 길고 뾰족해요. 위턱이 아래턱보다 짧고, 턱 뒤끝은 콧구멍 밑까지 이어져요. 위아래 턱에 날카로운 이빨이 줄지어 있어요.

입이 뾰족하고 몸이 꼬치(꼬챙이)처럼 가늘고 길어서 붙인 이름이에요. 우리나라에 사는 꼬치고기과 가운데 크기가 작은 편이라 '작은'이라는 뜻의 '애'를 붙였지요.

연안의 얕은 곳에서 무리 지어 생활해요. 우리나라 동해 남부, 일본 남부, 남중국해에 살고, 몸길이는 약 40센티미터까지 자라지요.

동도 선착장에서 만났어요.
바닷말류 사이로 어린 개체들이
작은 무리를 이루는 모습이 자주 보이지만,
움직임이 빨라 사진 찍기가 쉽지 않지요.

연어병치 샛돔과

학명: *Hyperoglyphe japonica* (Dëderlein)
영어 이름: Japanese butterfish

몸은 달걀형이에요. 옆줄이 아가미뚜껑 뒤에서 시작하여 살짝 위로 올라가는 듯하다가 비스듬히 내려와 꼬리자루까지 쭉 이어져요. 어릴 때는 회색빛을 띤 푸른색 몸에 그물 모양의 줄무늬가 있지만, 자라면서 그물 모양의 줄무늬가 없어지지요.

이름은 연어처럼 무리 지어 다니고 병어를 닮아 붙였다고 해요. 병치는 병어를 가리키는 방언이에요. 독도 바다에 많이 살아 방언으로 '독도돔'이라고도 하지요.

따뜻한 바다의 깊은 곳에서 무리 지어 생활해요. 우리나라 울릉도를 비롯한 동해 남부와 남해안, 일본 홋카이도 이남의 바다에 살고, 몸길이는 약 90센티미터까지 자라지요.

> 큰가제바위 근처 수심 30미터의 깊은 곳에 무리 지어 다니면서 먹이 사냥을 하는 모습이에요.

동도 선착장 바닷속에서 복섬들 찰칵~~

ⓒ 박정권

물릉돔 노메치과

학명: *Psenes pellucidus* Lütken
영어 이름: Black ragfish

몸이 양옆으로 납작해요. 꼬리자루가 짧고 가늘지요. 어릴 때는 등이 높아 몸 모양이 달걀형에 가깝지만, 자라면서 등이 점점 낮아지고 타원형으로 길어져요. 어릴 때는 몸 색이 은빛을 띤 푸른색이에요. 다 자라면 짙은 갈색이나 자주색을 띠고 지느러미는 검은색으로 바뀌지요. 어미가 되면 어두운 회색을 띠고 지느러미는 검은색이에요.

어릴 때 몸이 물렁물렁한 돔이라는 뜻에서 붙인 이름이지요.

어린 개체는 해파리의 촉수 사이나 떠다니는 바닷말류를 따라다니면서 살고, 다 자란 개체는 깊은 바다의 바닥으로 내려가서 지내요.

우리나라 제주도, 일본 홋카이도 이남, 북서태평양, 인도양, 대서양에 살고, 몸길이는 약 50센티미터까지 자라지요.

> 큰가제바위 근처에서 만났어요.
> 독도에서 노무라입깃해파리를 찾으면
> 물릉돔들을 쉽게 볼 수 있지요. 하지만 해파리는
> 독성이 매우 강해 조심해서 다가가야 해요.
> 해파리의 촉수 사이에서 어린 개체들이 쉽게 보이지만,
> 다 자란 개체는 깊은 곳에 살기 때문인지
> 보이지 않았어요.

몸집이 큰 노무라입깃해파리는 촉수에 독이 있어요. 이 해파리는 그물을 찢거나 물고기들을 죽여 어민들에게 큰 피해를 주어요.

넙치 넙치과

학명: *Paralichthys olivaceus* (Temminck and Schlegel)
영어 이름: Bastard halibut, Olive flounder

몸이 긴 타원형으로 양옆으로 납작해요. 배를 아래로 놓고 보았을 때 두 눈이 왼쪽을 바라보고 있어요. 눈이 있는 쪽은 누런빛을 띤 갈색에 흰색과 검은색의 작은 점들이 흩어져 있어요. 가슴지느러미 뒤쪽과 꼬리자루 앞에 동전 모양의 점이 희미하게 보여요. 눈이 없는 쪽은 흰색이지요.

넓적한 생김새에 빗대어 붙인 이름이에요. 광어라고도 하지요. 이 친구와 생김새가 비슷한 가자미(도다리)는 배를 아래로 놓고 보았을 때 두 눈이 오른쪽을 바라보고 있어 구별할 수 있어요.

수심 10~200미터의 바닥에서 살며 물고기, 오징어, 조개 따위를 먹어요. 알에서 깨어난 직후에는 바다의 중층에서 생활하다가 2센티미터 이상 자라면서 눈이 한 쪽으로 몰리면 바닥으로 내려가 지내요.

우리나라의 모든 연안, 쿠릴열도, 일본, 남중국해에 살고, 몸길이는 약 1미터까지 자라지요.

코끼리바위 근처에서 만났어요.
보통 모래와 펄 바닥에 살지만,
독도에서는 큰 개체들이 바위 위에서 많이 보이고,
중간 크기의 개체들은 모랫바닥에서 주로 보이지요.
바위와 모랫바닥의 색깔에 따라
몸 색이 변하기 때문에 쉽게 눈에 띄지 않아요.

바위에 있는 것을 보니 다 자란 개체이네요.

쥐치 쥐치과

학명: *Stephanolepis cirrhifer* (Temminck and Schlegel)
영어 이름: Filefish, Porky

몸 색의 변화가 심해 검은빛을 띤 갈색, 누런빛을 띤 갈색, 회색빛을 띤 갈색이에요. 크기나 길이가 고르지 않은 짙은 갈색 세로 줄무늬들이 있지요. 몸이 양옆으로 납작하고 등이 높은 달걀형이에요. 주둥이는 뾰족 튀어나왔지요. 넓적하고 끝이 뾰족한 앞니로 바위에 붙어 있는 먹이를 뜯어 먹어요. 수컷은 등지느러미의 첫 번째 줄기가 실처럼 길게 뻗었어요. 쥐치과 무리는 제1등지느러미가 송곳처럼 굵은 가시로 변한 것이 특징이지요.

앞니가 쥐처럼 생겨 붙인 이름이에요. 영어 이름은 비늘이 작은 가시로 바뀐 꺼칠꺼칠한 피부에 빗대어 줄(쇠붙이나 손톱을 다듬는 도구)이라는 뜻이지요.

수심 100미터 미만의 바위가 많은 곳에서 무리 지어 생활해요. 우리나라 동해안과 남해안, 일본, 동중국해에 살고, 몸길이는 약 20센티미터까지 자라요.

독도 모든 연안에서 볼 수 있어요. 밤에 동도 선착장에서 만났어요. 잠을 잘 때는 큰 바위나 바닷말류에 주둥이를 대고 자는 것이 특징이지요. 잠을 잘 때 가까이 다가가 사진에 담을 수 있어요.

머리가 크고 옆으로 납작해요. 이마는 약간 앞으로 활처럼 휘었지요.

말쥐치 쥐치과

학명: *Thamnaconus modestus* (Günther)
영어 이름: Black scraper

몸 모양은 쥐치보다 기다란 타원형이에요. 몸 색은 회색빛을 띤 갈색이고, 검은빛을 띤 갈색 무늬가 얼룩덜룩 고르지 않게 흩어졌어요. 각 지느러미는 검은빛을 띤 푸른색, 녹색을 띠지요. 몸 색의 변화가 심하고, 비늘이 아주 작은 가시로 바뀌어 피부가 거칠어요.

기다란 머리가 말을 닮아 붙인 이름이에요. 말쥐치의 껍질을 벗긴 뒤 포로 떠서 말린 간식이 바로 쥐포이지요.

연안의 바다 근처에 떠다니면서 플랑크톤과 바닥이나 바위에 붙어 있는 생물을 먹어요.

우리나라의 모든 연안, 일본, 남중국해, 남아프리카 바다에 살고, 몸길이는 약 30센티미터까지 자라지요.

> 큰가제바위 근처 수심이 깊은 곳에 큰 개체들이 많아요. 삼형제굴 근처에서는 어린 개체들이 노무라입깃해파리를 에워싸고 공격하는 모습도 볼 수 있어요.

이 친구들도 사는 곳에 따라 몸 색의 변화가 심해요.

그물코쥐치 쥐치과

학명: *Rudarius ercodes* Jordan and Fowler
영어 이름: Network filefish

몸 모양은 쥐치와 비슷하지만 꼬리자루가 쥐치보다 길어요. 머리 위쪽 가장자리가 조금 오목하지요. 몸 색의 변화가 심해 초록색, 갈색, 회색 따위로 바뀌어요. 꼬리자루 위에 작은 가시들이 빽빽하지요.

검은빛을 띤 갈색, 흰색 점들이 그물코(그물 구멍) 모양을 이루어요. 이름은 그물코 같은 몸 무늬에서 따왔어요.

바위와 바닷말류가 많은 수심 20미터에 못 미치는 곳에서 지내요.

우리나라 동해안과 남해안, 일본 남부 바다에 살고, 몸길이는 약 10센티미터까지 자라지요.

동도 선착장에서 만났어요.
독도 연안의 수심이 얕은 곳에서
밤에 주둥이로 바닷말류를 물고
잠을 자는 자주 모습을 볼 수 있지요.
잠만 깨우지 않으면 손을 대고 있어도
도망가지 않는 잠꾸러기예요.

몸 색의 변화가 심해요. 언뜻 다른 종으로 보이지만 꼬리자루에 단단하고 날카로운 가시들이 빽빽하네요.

새양쥐치 쥐치과

학명: *Paramonacanthus japonicus* (Tilesius)
영어 이름: Striped filefish

회색빛을 띤 갈색 몸에 구름 모양의 짙은 갈색 얼룩무늬가 있어요. 수컷은 주둥이 위쪽 가장자리가 조금 볼록하고 암컷은 오목하지요. 수컷이 암컷보다 몸높이가 낮고 몸이 길어요. 암컷의 꼬리지느러미는 끝이 둥글고, 수컷의 꼬리지느러미는 아래위 줄기 하나가 실처럼 길게 뻗었지요. 몸 색이 금세 바뀌기도 해요.

이름은 생김새가 생쥐를 닮아 생쥐의 경상남도 방언인 새양쥐에서 따왔어요. 쥐치과 무리는 제1등지느러미가 굵은 가시로 변한 것이 특징이지요.

연안의 모래와 개펄, 바위가 많은 곳에서 무리 지어 생활하며, 조개류와 작은 갑각류를 먹어요. 우리나라 남해안, 일본 중부 이남, 인도양과 서태평양의 열대 바다에 살고, 몸길이는 약 15센티미터까지 자라지요.

> 혹돔굴 근처에서 만났어요.
> 옆에서 보니까
> 생쥐와 비슷해 보이네요.
> 독도에서 자주 볼 수 없는 친구이지요.

어릴 때는 귀여운데 자라면서 좀 험상궂은 모습이에요.

거북복 거북복과

학명: *Ostracion immaculatus* Temminck and Schlegel
영어 이름: Blue-spotted boxfish

앞에서 보면 몸이 상자처럼 네모난 모양이고, 등과 배는 평평해요. 꼬리자루와 각 지느러미를 제외하고 몸 전체가 비늘이 변한 육각형 딱딱한 판(비늘판, 골질판)으로 덮였어요. 몸은 금빛을 띤 노란색이고, 비늘판마다 검은빛을 띤 눈동자 크기의 파란색 점이 있어요. 피부(비늘판)에서 나오는 끈끈한 액체(점액)에 독이 있지요. 움직임이 둔해 스스로를 방어하기 위한 수단이에요.

이름은 몸을 덮고 있는 육각형 비늘판이 거북 갑판을 닮아 붙였어요.

연안의 바위가 많은 곳에서 혼자 지내며, 작은 조개와 갑각류를 주로 먹어요. 우리나라 제주도를 비롯한 남해안과 동해안, 일본 홋카이도 이남, 타이완, 필리핀, 동인도, 남아프리카 바다에 살고, 몸길이는 약 30센티미터까지 자라지요.

> 해녀바위 근처 큰 바위틈에서 만났어요.
> 천천히 헤엄치기 때문에
> 가까이 다가가 사진 찍기가 쉬워요.
> 눈과 톡 튀어나온 작은 입, 지느러미만
> 부지런히 움직이는 듯하지요.

© 김지현

노랑거북복 거북복과

학명: *Ostracion cubicus* Linnaeus
영어 이름: Yellow boxfish

거북복과 마찬가지로, 앞에서 보면 통통한 몸이 상자처럼 네모난 모양이고, 등과 배는 평평해요. 꼬리자루와 각 지느러미를 제외하고 몸 전체가 비늘이 변한 육각형의 딱딱한 판으로 덮였지요. 어릴 때는 밝은 노란색 몸에 검은색 점들이 흩어졌어요. 자라면서 밝은 노란색이 누런빛을 띤 갈색으로 바뀌고 검은색 점들이 작아져요. 다 자라면 몸이 푸른색에 비늘판 테두리마다 노란색을 띠지요. 거북복과 달리 머리와 꼬리지느러미에 작은 검은색 점들이 나타나요.

어릴 때의 몸 색인 노란색에 빗대어 붙인 이름이에요.

연안의 산호초와 바위가 많은 곳에서 혼자 지내며, 조개류와 작은 갑각류를 주로 먹어요.

우리나라 제주도, 일본 남부, 인도양, 서태평양에 살고, 몸길이는 약 40센티미터까지 자라지요.

해녀바위에서 만났어요.
천천히 헤엄치기에
가까이 다가가 사진에 담았지요.

몸이 밝은 노란색에 검은색 점들이 또렷한 것을 보니 어린 개체이군요.

흰점꺼끌복 참복과

학명: *Arothron hispidus* (Linnaeus)
영어 이름: White-spotted puffer

초록빛을 띤 갈색 몸에 작고 둥근 흰색 점들이 몸 옆과 꼬리지느러미에 고르게 흩어졌어요. 눈과 가슴지느러미 둘레를 흰색 줄무늬가 에워싸고 있지요. 배에도 흰색 줄무늬들이 춤을 추듯 해요. 주둥이와 꼬리자루를 제외한 몸에 비늘이 변한 작은 가시들이 빼곡하지요.

꺼끌거리고 흰색 점이 많아 붙인 이름이에요. 몸에 독이 있어 먹으면 안 돼요. 복어류에 속하는 무리는 위협을 느끼면 마치 풍선에 바람을 불어넣듯 배를 부풀리는 습성이 있어요.

수심 30미터 이내의 연안에서 지내며, 산호와 조개류, 바닷말류, 성게류, 말미잘 따위를 먹지요.

우리나라 제주도, 일본 남부, 인도양, 태평양의 열대 바다에 살고, 몸길이는 약 45센티미터까지 자라요.

코끼리바위 바깥쪽 절벽을 따라서 움직이고 있어요.
복어류 가운데 몸의 무늬가 아름다워
다이버들에게 인기가 높지요.

몸에 깨알 같은 흰색 점들이 흩어져 있어요.

복섬 참복과

학명: *Takifugu niphobles* (Jordan and Snyder)
영어 이름: Grass puffer

등은 검은빛을 띤 녹색과 회색빛을 띤 검은색에 눈동자보다 작은 흰색 점들이 흩어져 있어요. 위아래 턱에는 강하고 납작한 이빨이 있지요. 등과 배에 비늘이 변한 작은 가시들이 빽빽해요. 가슴지느러미 뒤에 커다란 검은색 점이 있지요.

이름은 울릉도 방언에서 따왔다고 해요. 위협을 느끼면 몸을 부풀리고(복어), 등과 배에 섬게(성게)처럼 가시가 있어 붙인 이름이라지요. 복어류 가운데 가장 작아요. 피부와 내장에 독이 있지요.

연안이나 갯가(바닷물이 드나드는 곳의 물가)의 바위에서 지내고, 모래 속에 잘 숨어요. 우리나라의 모든 연안, 일본, 중국해에 살고, 몸길이는 약 15센티미터까지 자라지요.

동도 선착장과 서도 사이에서 흔하게 볼 수 있어요.
바닥 주변을 헤엄쳐 다니거나
모랫바닥에 몸을
반쯤 묻고 있기도 해요.

졸복 참복과

학명: *Takifugu pardalis* (Temminck and Schlegel)
영어 이름: Panther puffer

등에는 초록빛과 검은빛을 띤 여러 모양의 갈색 점들이 있고, 배와 경계 짓듯이 노란색 세로 줄무늬가 길게 이어져요. 꼬리지느러미 끝은 검은빛을 띤 갈색, 등지느러미와 뒷지느러미, 가슴지느러미는 진한 노란색이지요. 위아래 턱에는 강하고 납작한 이빨이 있고, 피부에 가시는 없지만 톡톡 튀어나온 좁쌀 같은 돌기들이 있어요.

남해안에서 부르던 이름에서 따왔다고 해요. 참복보다 작고 맛이 없어 '졸(작은, 모자란)'을 붙였다고도 하지요. 영어 이름은 등 쪽 갈색 무늬에 빗대어 아메리카 표범, 퓨마를 뜻해요. 피부와 내장에 독이 있어요.

수심이 얕고 바위가 많은 곳에서 지내지요. 우리나라의 모든 연안, 일본의 모든 바다, 동중국해에 살고, 몸길이는 약 30센티미터까지 자라요.

여름철 태풍이 지나간 후, 동도 선착장 안쪽으로 모래와 펄이 섞인 곳에서 만났어요.

주황색 홍채(각막과 수정체 사이에 있는 얇은 막)가 독특해요.

검복 참복과

학명: *Takifugu porphyreus* (Temminck and Schlegel)
영어 이름: Genuine puffer, Purple puffer

등은 검은빛을 띤 갈색이고, 바탕보다 밝은 색으로 구름무늬가 있어요. 가슴지느러미 위쪽 뒤로 커다란 검은색 점이 있고, 등지느러미가 시작되는 곳에도 있지요. 등과 흰색 배의 경계면에 노란색 줄무늬가 이어지지만 자라면서 희미해져요. 위아래 턱에 강하고 납작한 이빨이 있고, 가시가 없어 피부가 매끈해요. 가슴지느러미와 뒷지느러미는 노란색, 등지느러미와 꼬리지느러미는 검은빛을 띠어요.

남해안에서 부르던 이름을 그대로 따왔고, 등이 검은빛을 띠어 붙인 이름이라고 해요. 피부와 내장에 독이 있지요.

연안의 바닥 가까이에서 헤엄치며 지내요. 우리나라 동해안과 남해안, 일본 홋카이도 이남, 동중국해에 살고, 몸길이는 약 45센티미터까지 자라지요.

동도 선착장 안쪽 바위 벽에서 만났어요. 바닥 가까이에서 천천히 헤엄치는 모습이 자주 보이지요. 물속에서 매리복과 구별하기가 까다롭지만 뒷지느러미가 노란색이라 흰색인 매리복과 구별할 수 있어요.

매리복 참복과

학명: *Takifugu snyderi* (Abe)
영어 이름: Vermiculated puffer

검은빛을 띤 진한 갈색 등에 작은 흰색 점들이 있어요. 배는 흰색을 띠지요. 가슴지느러미 뒤쪽 위에 진한 갈색 점무늬가 있어요. 가슴지느러미와 등지느러미는 옅은 노란색이고, 뒷지느러미가 흰색을 띠지요. 아래위 턱에 강하고 납작한 이빨이 있고, 피부에 가시가 없어 매끈해요.

이름은 방언에서 따왔는데, 매리는 메밀을 뜻하지요. 등의 흰색 점들이 하얀 메밀꽃을 닮아서 그런가요? 영어 이름은 '벌레 먹은 무늬'를 뜻해요. 피부와 내장에 강한 독이 있어요.

수심 100미터 미만의 연안에서 지내요. 우리나라 동해안과 남해안, 일본 중부 이남, 남중국해에 살고, 몸길이는 약 30센티미터까지 자라지요.

여름철 태풍이 지나간 뒤 동도 선착장 안쪽으로 모래와 펄이 섞인 곳에서 만났어요.

ⓒ 김지현

가시복 가시복과

학명: *Diodon holocanthus* Linnaeus
영어 이름: Balloonfish

온몸에 바늘 모양의 날카로운 가시들이 고르게 돋아 있어요. 몸을 부풀리지 않고도 가시를 자기 마음대로 세웠다 눕혔다 할 수 있지요. 등은 옅은 갈색을 띠고, 가슴지느러미 뒤쪽과 등지느러미 앞에 검은빛을 띤 커다란 갈색 점들이 있어요. 각 지느러미는 투명해요. 물속에서 위협을 느끼면 몸을 공처럼 둥글게 부풀리지요.

몸에 가시가 많아 붙인 이름이에요.

수심이 얕고 바닷말류와 바위가 많은 바닥에서 지내요. 우리나라 제주도를 비롯한 남해안, 일본, 하와이, 전 세계의 열대와 온대 바다에 살고, 몸길이는 약 30센티미터까지 자라지요.

독도에서 여름철에 잠시 만날 수 있지요.
바닷말류 숲 사이나 바위틈에서 볼 수 있어요.
이 친구를 건드리면 물을 마셔 몸을 둥글게 부풀리고
가시를 모두 세우지요. 마치 고슴도치 같아요.
장난삼아 이 친구를 건드려
몸을 부풀리게 하면
스트레스를 받아 죽을 수도 있대요.
건드리지 말고 보기만 하세요.

보통 때는 가시들이 옆으로 뉘어 있어요. 생글생글 웃는 것 같은 모습이 귀여워요.

" 그 밖의 독도 바닷물고기 "

날치 날치과

학명: *Cypselurus agoo* (Temminck and Schlegel)
영어 이름: Flying fish

기다란 가슴지느러미 끝이 등지느러미의 중간까지 닿아요. 꼬리지느러미는 위 줄기가 아래 줄기보다 짧지요. 등은 푸른색, 배는 밝은 색을 띠어요.

이 친구는 위험하다 싶으면 아래 줄기가 크고 긴 꼬리지느러미로 물을 박차고 물 밖으로 튀어 올라 가슴지느러미와 배지느러미를 활짝 펴고 스키 선수처럼 미끄러지듯 날아가요. 그 모습에서 붙인 이름이지요.

우리나라의 모든 연안, 일본 남부, 타이완 바다에 살고, 몸길이는 약 35센티미터까지 자라요.

은줄금눈돔 납작금눈돔과

학명: *Aulotrachichthys prosthemius* (Jordan and Fowler)
영어 이름: West pacific luminous roughy

눈이 크고 아래턱이 앞쪽으로 약간 튀어나왔어요. 등지느러미 앞부분이 뒷부분보다 짧지요.

배지느러미에서 꼬리지느러미 앞까지 은빛을 띤 흰색 줄무늬가 있어 붙인 이름이에요.

연안에서 멀리 떨어진 곳이나 절벽 근처에서 지내요.

우리나라의 독도와 일본 남부, 서태평양에 살고, 몸길이는 13센티미터까지 자라지요.

홍바리 바리과

학명: *Epinephelus fasciatus* (Forsskål)
영어 이름: Black tipped grouper, Banded reef-cod

주홍색 몸에 등지느러미에서 꼬리자루까지 검은빛을 띤 붉은색 가로띠가 4~5줄 있어요. 흰색 점들이 마치 세로줄을 이루는 듯하고 등지느러미 끝이 짙은 갈색을 띠어요.

몸이 화려한 주홍색이라 이름에 '붉을 홍(紅)' 자를 붙였지요.

바위가 많은 연안에서 지내요.

우리나라 남해안, 일본 남부, 남중국해, 인도양, 서태평양, 홍해에 살고, 몸길이는 약 30센티미터까지 자라지요.

흑줄돔 자리돔과

학명: *Abudefduf bengalensis* (Bloch)
영어 이름: Bengal damselfish

몸에 폭이 좁은 검은색 줄무늬가 일곱 줄 있어요. 꼬리지느러미의 위 줄기와 아래 줄기 끝이 둥글어요. 몸에 검은색 줄무늬(흑줄)가 있어 붙인 이름이에요. 얼핏 보면 해포리고기와 비슷하지만, 줄무늬가 다섯 줄인 해포리고기와 구별되지요.

수심 1~6미터 연안의 바위가 많은 곳에서 지내요. 자리돔과에 속하는 물고기들은 암컷이 알을 낳으면 수컷이 알들을 돌보지요. 작은 게, 동물플랑크톤을 먹어요.

우리나라 서해 남부 바다, 일본, 인도양, 서태평양에 살고, 몸길이는 13센티미터까지 자라지요.

사자코망둑 망둑어과

학명: *Istigobius campbelli* (Jordan and Snyder)
영어 이름: Pugnose goby

몸은 연한 갈색이에요. 진한 자줏빛을 띤 갈색 점무늬들이 흩어져 있지요. 꼬리지느러미 가장자리는 타원형이에요. 몸 옆쪽으로 붉은빛을 띤 갈색 점이 세로로 이어졌어요. 눈 뒤로 검은빛을 띤 갈색 세로 줄무늬가 돋보여요.

머리 모양새가 사자의 얼굴과 비슷해서 붙인 이름이라고 하지요. 영어 이름은 '들창코'를 뜻해요.

연안의 얕은 곳에 바위가 많은 모랫바닥에서 지내지요. 우리나라 제주도, 일본 바다에 살고, 몸길이는 약 8센티미터까지 자라요.

흰동갈망둑 망둑어과

학명: *Priolepis boreus* (Snyder)
영어 이름: Misaki striped goby

몸은 누런빛을 띤 갈색에 눈에서 등지느러미 앞까지 흰색 가로띠가 4~6줄 있어요. 아래턱이 위턱보다 약간 길어서 입이 위를 향해 열리지요. 비늘은 가슴지느러미 뒤에서부터 나타나고, 등지느러미가 시작되는 부분과 배에는 없어요.

몸의 흰색 무늬가 기다란 몸을 여러 토막으로 끊는 것(동강) 같아 붙인 이름이지요.

연안의 바위가 많은 곳에서 지내요. 우리나라 제주도, 일본 바다에 살고, 몸길이는 약 5센티미터까지 자라지요.

낱말 풀이

갑각류
게, 새우, 가재처럼 몸이 딱딱한 껍데기로 싸여 있고 몸이 여러 마디인 물속 동물이에요.

갯가
바닷물이 드나드는 곳의 물가를 가리켜요.

골질판
뼈처럼 단단한 판이에요.

공생
서로 다른 종의 생물들이 서로 도우며 함께 살아가는 방식이에요.

극피동물
몸에 가시나 뼈처럼 단단한 피부로 둘러싸인 동물로, 성게 종류, 불가사리 종류, 해삼 종류 따위가 있지요.

근해
육지와 가까운 바다예요.

난류
따뜻한 바닷물의 흐름이에요.

만
바다가 육지 쪽으로 들어와 있는 지형이지요.

모비늘
꼬리자루로 이어지는 옆줄 위로 발달한 날카로운 비늘이지요. 예) 전갱이 무리

바닷말류
해조류라고도 하며, 포자로 번식하는 바다 식물로 바다의 깊이와 색깔에 따라 녹조류(파래), 갈조류(미역, 다시마), 홍조류(김)로 나뉘어요.

방언
어느 한 지방에서만 쓰는, 표준어가 아닌 말이에요.

방추형
물레에서 실을 감는 가락을 닮은 모양. 곧 가운데가 불룩하고 양쪽 끝이 뾰족한 모양을 가리켜요. 예) 방어

부화
알 속에서 자란 새끼가 껍질을 깨고 밖으로 나오는 것이에요.

부착 조류
부착은 바닥이나 바위에 달라붙어 있는 것을 뜻해요. 조류란 물속에 살면서 엽록소로 광합성을 하며, 뿌리·줄기·잎의 구별이 없어요. 꽃을 피우지 않고 포자로 번식하는 식물이에요.

빗비늘
둥근비늘과 비슷하지만 한쪽 가장자리가 톱니 또는 빗살 모양의 비늘이에요.

빨판
동물이나 물체에 달라붙기 위한 기관으로 흡반이라고도 해요.

산란기
알을 낳을 시기이지요.

세력권
먹이를 얻기 위해서나 자손을 키우려고 차지하는 영역을 가리켜요. 이곳에서 활동하면서 다른 개체들이 들어오지 못하게 싸움을 벌이기도 해요.

수심
강이나 바다 따위의 깊이를 가리켜요.

연근해
연해와 근해를 일컫는 말로, 육지에 가까이 있는 바다예요.

연안
육지와 바다가 연결된 곳으로 바닷가, 갯벌. 우리나라 주권이 미치는 드넓은 바다(영해)까지 포함해요.

원린
모양이 둥근비늘이에요.

원통형
둥근 통 모양이지요.

유인 돌기
등지느러미의 첫 번째 가시가 변한 것으로 이것을 흔들어 먹잇감을 끌어들여요.

자웅동체
한 개체의 몸속에 난자(암컷)와 정소(수컷)가 함께 있는 암수 한 몸이에요. 물고기를 살펴보면, 자라면서 암컷이나 수컷으로 바뀌어요.

저서생물
강이나 바다의 바닥에 사는 물속 생물이지요. 무척추동물, 조개류, 고둥류, 갯지렁이류, 게류, 불가사리류, 바닷말류, 박테리아 따위가 있어요.

조수 웅덩이
밀물과 썰물 때 드나든 바닷물이 고인 웅덩이예요.

줄
쇠붙이나 손톱을 다듬는 도구이지요.

촉수
몸 앞부분이나 입 주위에 피부가 변한 돌기 모양의 기관이에요.

침식
바위가 빗물이나 파도, 바람 따위에 깎이는 현상이지요.

풍화
바위가 햇빛, 공기, 물 따위로 점점 자잘한 흙으로 바뀌는 현상이에요.

한류
물의 온도가 대체로 낮아 차가운 바닷물의 흐름이지요.

해류
일정한 방향과 속도로 이동하는 바닷물의 흐름을 가리켜요.

해빙
바닷물이 얼어서 생긴 얼음이지요.

해수면
바닷물의 가장 윗부분으로, 표면이라고도 해요.

해식동굴
파도에 깎여 만들어진 동굴이에요.

혼인색
알 낳을 시기에 성이 다른 개체의 관심을 끌기 위해 보통 때와는 다르게 몸에 나타나는 색이나 무늬를 가리켜요. 물고기나 새들은 주로 수컷이 혼인색을 띠지요.

찾아보기

ㄱ

가막베도라치(먹도라치과) 160
가시망둑(둑중개과) 68
가시복(가시복과) 210
강담돔(돌돔과) 120
개베도라치(청베도라치과) 168
개볼락(양볼락과) 52
거물가시치(실고기과) 42
거북복(거북복과) 201
거울돔(동갈돔과) 87
검복(참복과) 208
검은줄촉수(촉수과) 101
구실우럭(바리과) 78
그물베도라치(장갱이과) 153
그물코쥐치(쥐치과) 198
금줄촉수(촉수과) 104
긴꼬리벵에돔(황줄감정이과) 110
까치돔(갈돔과) 95
꼬마줄망둑(망둑어과) 182
꽁치(꽁치과) 34

ㄴ

날돛양태(돛양태과) 172
날치(날치과) 212
넙치(넙치과) 192
노랑거북복(거북복과) 202
노랑씬벵이(씬벵이과) 28
노랑자리돔(자리돔과) 130
노랑점무늬유전갱이(전갱이과) 90
노랑촉수(촉수과) 102
노래미(쥐노래과) 64
녹색물결놀래기(놀래기과) 150
놀래기(놀래기과) 138
농어(농어과) 73
누루시볼락(양볼락과) 59
능성어(바리과) 79

ㄷ

다섯동갈망둑(망둑어과) 179
달고기(달고기과) 38
도도바리(바리과) 76
도루묵(도루묵과) 156
도화볼락(양볼락과) 57
독가시치(독가시치과) 184

독도얼룩망둑(망둑어과) 173
돌돔(돌돔과) 118
동갈치(동갈치과) 33
동미리(양동미리과) 158
두줄베도라치(청베도라치과) 167
두줄촉수(촉수과) 106
띠볼락(양볼락과) 58

ㅁ

말쥐치(쥐치과) 196
망상어(망상어과) 124
매리복(참복과) 209
무지개놀래기(놀래기과) 148
물꽃치(물꽃치과) 32
물릉돔(노메치과) 190
미역치(양볼락과) 44
민동갈돔(동갈돔과) 86

ㅂ

바닥문절(망둑어과) 181
방어(전갱이과) 92
범돔(황줄감정이과) 112
벵에돔(황줄감정이과) 108
별망둑(망둑어과) 174
복섬(참복과) 205
볼락(양볼락과) 50
부채꼬리실고기(실고기과) 39
불볼락(양볼락과) 56
붉바리(바리과) 74
비늘베도라치(비늘베도라치과) 169
비늘적투어(얼게돔과) 37
비단망둑(망둑어과) 176
빨간씬벵이(씬벵이과) 26

ㅅ

사자코망둑(망둑어과) 214
살자리돔(자리돔과) 136
새눈치(도미과) 100
새양쥐치(쥐치과) 200
샛줄멸(청어과) 22
세동가리돔(나비고기과) 114
세줄베도라치(장갱이과) 154
세줄얼게비늘(동갈돔과) 80
숭어(숭어과) 30
쏠배감펭(양볼락과) 46
쏠종개(쏠종개과) 24
쏨뱅이(양볼락과) 60

ㅇ

아홉동가리(다동가리과) 123
앞동갈베도라치(청베도라치과) 166
애꼬치(꼬치고기과) 187
양태(양태과) 62
어렝놀래기(놀래기과) 144
여덟동가리(다동가리과) 122
연무자리돔(자리돔과) 132
연어병치(샛돔과) 188
연지알록양태(돛양태과) 171
왕관해마(실고기과) 40
용치놀래기(놀래기과) 140
우럭볼락(양볼락과) 48
육동가리돔(황줄돔과) 116
은줄금눈돔(납작금눈돔과) 212
인상어(망상어과) 126
일곱동갈망둑(망둑어과) 178

ㅈ

자리돔(자리돔과) 128
자바리(바리과) 77
잿방어(전갱이과) 91
저울베도라치(청베도라치과) 164
전갱이(전갱이과) 88
전기가오리(전기가오리과) 21
전어(청어과) 23
점동갈돔(동갈돔과) 83
조피볼락(양볼락과) 54
졸복(참복과) 206
줄갈돔(갈돔과) 96
줄도화돔(동갈돔과) 84
줄동갈돔(동갈돔과) 82
쥐노래미(쥐노래과) 66
쥐돔(양쥐돔과) 186
쥐치(쥐치과) 194
쭈굴감펭(양볼락과) 47

ㅊ

참돔(도미과) 98
참치방어(전갱이과) 94
창치(둑중개과) 70
철갑둥어(철갑둥어과) 36
청대치(대치과) 43
청줄돔(청줄돔과) 115
청줄청소놀래기(놀래기과) 142
청황베도라치(먹도라치과) 162

ㅋ~ㅍ

큰입학치(학치과) 170
큰줄베도라치(장갱이과) 155
파랑돔(자리돔과) 134

ㅎ

해포리고기(자리돔과) 133
혹돔(놀래기과) 146
홍바리(바리과) 213
황놀래기(놀래기과) 152
흑줄돔(자리돔과) 213
흰동갈망둑(망둑어과) 214
흰점꺼끌복(참복과) 204
흰줄망둑(망둑어과) 180